速读大师

商业新闻出版公司和轻松读文化事业有限公司提供内容支持

创业实操术

浓缩书编辑部　编

中国盲文出版社

图书在版编目（CIP）数据

创业实操术：大字版／浓缩书编辑部编. —北京：中国盲文出版社，2015.12
（速读大师）
ISBN 978－7－5002－6943－4

Ⅰ.①创…　Ⅱ.①浓…　Ⅲ.①企业管理　Ⅳ.①F270

中国版本图书馆 CIP 数据核字（2015）第 319094 号

本书由轻松读文化事业有限公司授权出版

创业实操术

编　　者：浓缩书编辑部
出版发行：中国盲文出版社
社　　址：北京市西城区太平街甲 6 号
邮政编码：100050
印　　刷：北京汇林印务有限公司
经　　销：新华书店
开　　本：787×1092　1/16
字　　数：90 千字
印　　张：14.25
版　　次：2015 年 12 月第 1 版　2017 年 3 月第 2 次印刷
书　　号：ISBN 978－7－5002－6943－4/F・110
定　　价：30.00 元
销售服务热线：（010）83190297　83190289　83190292

出版前言

数字文明为我们求知问道、拓展格局带来空前便利，同时也使我们深受信息过剩、知识爆炸的困扰。面对海量信息，闭目塞听、望洋兴叹固非良策，不分主次、照单全收更无可能。时代快速变化，竞争不断升级，要想克服本领恐慌，防止无知而盲、少知而迷，需尽可能将主流社会的最新智力成果内化于心、外化于行，如此才能更好地顺应时代，提高成功概率。为使读者精准快速地把握分散在万千书卷中的新理念、新策略、新创意、新方法，我们组织编写了这套书。

这套书旨在帮助读者提高阅读质量和效率。我们依托海内外相关知识服务机构十多年的持续积累，博观约取，从经济管理、创业创新、投资理财、营销创意、人际沟通、名企分析等方面选取数百种与时俱进又经世致用的好书分类整合，凝练出版。它们或传播现代经管新知，或讲授实用营销技巧，或聚焦创新创业，或分析成功者要素组合，真知云集，灼见荟萃。期待这些凝聚着当代经济社会管理创新创意亮点的好书，能为提升您的学识见解和能力建设提供优质有效便捷的阅读资源。

聚焦对最新知识的深度加工和闪光点提炼是这套书的突出特点。每本书集中解读4种主题相关的代表性好书，以“要点整理”“5分钟摘要”“主题看板”“关键词解读”“轻松读大师”等栏目精炼呈现各书核心观点，崇真尚实，化繁为简，您可利用各种碎片化时间在赏心悦目中取其精髓。常读常新，明辨笃行，您一定会悟得更深更透，做得更好更快。

好书不厌百回读，熟读深思子自知。作为精准知识服务的一次尝试，我们期待能帮您开启高效率的阅读。让我们一起成长和超越！

目 录

创业计划书 …………………………………………… 1

成功没有捷径。开创任何新事业，创业者都必须尽力撰写一份周详的创业计划书，确切证明这个计划已涵盖企业成功的四大基石：掌握机会、策略领导、组织能力以及持续力。健全的创业计划兼顾获利方程式的两端，勾勒出哪些价值驱动因素能带给企业附加价值，哪些价值驱动因素必须小心管理，以免减损企业价值。

一次搞懂精益创业 ………………………………… 65

精益创业是一种科学的方法。新创事业追求的是现实世界中客户将会认可并感到满意的创意。你不必也不应该闭门造车，不着边际地揣摩消费者的需求，而是要用科学实验的方法，把初期的原型品或最低可行产品送到消费者手上，实际验证你的假设，系统化地收集消费者的反馈，重新修正产品再向消费者请益。

白手起家七件事 ………………………………… 119

创业是一个严格的锻炼过程，应该积极、主动求教相关领域的专家。创业个案固然情况不一，也不一定都要在付出代价之后，才算是教训学习，别人走过的路、解决过的问题，早一步认识，导入自己的创业战略手册，就是一种学习历程。

创业基本功 …………………………………… 169

真正的创业者绝对不可能满足于只做个听差办事的人。如果你希望投入创业行列，开创自己的小型企业并能做出明智的经营决策，你必须记住4项建议：随时掌握自己处在小型企业生命周期中的哪个阶段，并据此调整所有的应对策略；别忘了，凡事必定存在另一种结果；尽快建立可用资产是稳固事业的基础；为了持续成功，你必须战胜自己的天敌。

创业计划书

Roadmap to Entrepreneurial Success

Powerful Strategies for Building a High-Profit Business

原著作者简介

罗伯特·普赖斯(Robert Price)，非营利教育机构环球企业经营研究中心的资深研究员。他毕业于佩珀代因大学及俄亥俄州立大学，撰有十余部有关企业资本运营的著作。过去几年来，普赖斯亲自募集三千多万美元资金，投资他担任顾问的新创事业。

本文编译：张定绮

主要内容

要点整理

创业 / 5

自由现金流量 / 7

5分钟摘要

创业计划书 / 9

执行大纲

创业计划书执行大纲 / 12

轻松读大师

一　机会与产业分析 / 16

二　商业策略与竞争优势 / 20

三　建立与管理新创事业团队 / 24

四　控制与分配资金来源 / 27

五　进军市场策略 / 30

六　营销与业务策略 / 33

七　成长策略与管理能力 / 37

八　企业策略网络 / 40

九　融资策略 / 44

十　退出策略与退出目标 / 49

辅助资料　投资计划书辅助资料清单 / 53

专家解读　创业既是流行，也是趋势 / 57

要点整理

创业

现今创造财富的方式已和过去大不相同。财富与竞争优势，不再由机器设备或工具主控，而是由大脑及创意来决定，知识工作者因此获得市场优势，知识创业的形势也更加蔚为壮观。知识创业与传统创业不同的是，知识创业在创造企业价值的过程中，动脑多于动手，通过自己的计划构思、分析、判断、综合与设计等方式，赋予产品全新的价值，以知识换取财富。

一般来说，知识创业大致可以分为：贩卖知识产品、贩卖知识服务、用产品卖知识及用知识卖产品等四种模式。知识创业也突破了以往传统创业的局限，如行业、性别及产业规模等种种限制，进而改进创业模式，其中女性创业者便是此潮流下新兴的创业群体。过去，台湾企业经营领域一向为男性的天下，而传统女性创业也多以“客厅即工厂”的手工业或美容、缝纫、小吃等为主；而根据台湾《张老师月刊》的观察，近年来台湾女性创业发展的轨迹已有明显转变，大致可以整理出四个主要特色：从幕后的老板娘慢慢转变为台前的企业家；从直觉性创业转为计划性创业；从合伙创业到独立创业；从劳务型创业延伸至知识型创业。

自由现金流量

自由现金流量是指，在某一段时间内（通常为一年），公司现金流量超过获利性投资机会所需资金后的现金流量。它代表着公司在扣除企业本身财务支出及维持现有产能所需之资本支出后，到底还有多少现金可供自由使用。因此自由现金流量越多，经理人越有多余的资金可以浪费，有可能造成自由现金流量越多，管理绩效越差的状况。自由现金流量在定义上也有多种分别，如利息支出的计算与否、是否将运营资金的变动纳入等。

自由现金流量是税前息前盈余，扣去税金、运营资金投资、固定资产投资净额以及其他营业资产投资，可以为公司自由支配之现金流量。这些资金可以用来投资未来的运营，也可以用来分配盈余股利。此部分其实是与投资人最相关的，因为与股利有最大的关系。而员工股票分红对自由现金流量没有直接冲击，因为股票红利不以现金的形式发放；间接的影响是，因为员工持有新股，因此每股相对之自由现金流量被稀释。目前常用的评价自由现金流量法的方式中，最著名的应属戈登的股利模式，即普通股的评价模式，此模式已被广泛应用于估算保留盈余成本中，也被用于计算投资者的应得报酬率。戈登模式是以“投资人每年可以领回的现金股利”为计算基准的。

5分钟摘要

创业计划书

筹募创业资本的规则已发生永久性的改变——而且变得更好。夸大其词和写在餐巾纸上的创业计划已成过去。如今要为新计划争取资金，需要能降低风险、稳健可靠的创业计划，并且能够证明新投资能创造持续的价值。

健全的创业计划兼顾获利方程式中等号的两端，勾勒出哪些价值驱动因素能带给企业附加价值，哪些价值驱动因素必须小心管理，以免减损企业价值。说得更明确点，可行的创业计划现在必须把重心放在如何达成新创事业的下列十大价值驱动因素上。

成功没有捷径。任何新创事业要吸引资金，创业者都必须尽力撰写一份周详的创业计划书，确切证明这个计划已涵盖企业成功的四大基石：

简言之，新企业面临的关键挑战通常是：按

照正确顺序做正确的事。按部就班、循序作业非常重要，这么做会增加你成功的机会。你必须殚精竭虑，构思创业计划的每一个细节，然后才会有人投资你的新创事业。创业计划会帮助你更聪明地工作，使你对潜在的阻碍保持警觉，保持积极性，使你的目标能够切合实际，最终推动事业前进。创业计划是你毕生写过的最重要的文件，所以应该多花些时间把计划写好。还要记住，创业计划不是静态的，要随环境及需要不断改进。

创业计划书执行大纲

执行大纲是从创业计划和你与投资人沟通的信息中摘录出来的简明要点。

执行大纲应该简要说明你的全盘创业计划。理想状态下，执行大纲应该让人一读就会受到吸引。

多半情况下，执行大纲应该在创业计划其他部分都已完成，并且经再三简化和修正后，才开始撰写。

好的执行大纲读起来就像你根据自己的观念制作成的可以迅速传播概念的广告，让人可以简洁迅速地理解主要内容。执行大纲要能回答每个潜在投资人都会提出的关键问题，例如：

◎ 你是谁?

◎ 有什么点子？

◎ 创业的目标是什么？

◎ 需要什么才能达成目标？

◎ 为何目前需要外来资金？

◎ 投资资金会有哪些报酬？

◎ 你早年有哪些成功的个案或范例？

执行大纲确立后，你可以准备四种不同的版本：

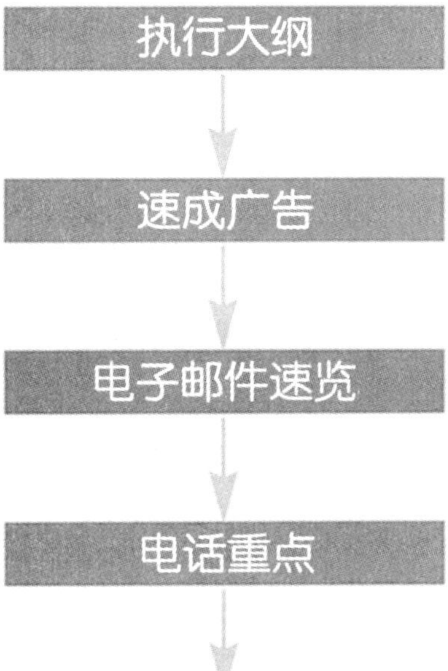

“速成广告”上只有几句你想告诉潜在投资者的话，这几句话足以引起他们对你的兴趣，愿意跟你碰面，或把你介绍给其他投资你这行业的人。

“电子邮件速览”就是你“速成广告”的电子邮件版。这个版本用于散发给潜在投资者，希望能使他们产生足够的兴趣，向你索取更多资料。

你还需要将执行大纲转换成“电话重点”。大多数投资人会先打电话给你，再决定要不要跟你见面。为了留下良好印象，你可以针对此类对话中要谈到的重点，预做准备。

“会议大纲”是你推销创业计划的主要机会。你必须全力以赴，从编织伟大故事的一开始，就发挥说服的魅力。计划花 20 分钟描述你的创业计划，然后再花 10 分钟，彻底说明整体的财务规划，之后让投资者开始询问他们想知道的事。

所有难应付的问题都会在这时提出，所以要有充分准备。说明时，要让投资人能够体会你的兴奋与热情，并随时征求建议并给予反馈，让讨论的内容可以推向你要的结果。

一　机会与产业分析

创业计划必须针对一个问题，解释你想要提出的解决方案，然后说明为何你的方案是值得投入的商机。

这部分创业计划的重点在于，证明你对未来会面临的竞争有充分的了解，也对业界做过详尽的分析，知道未来局势会有哪些变化。

1. 辨识分析机会

提供潜在投资者更多有关你创业点子幕后的灵感细节。

（1）谈论你“顿悟的一刻”——心血来潮，说明现在你准备要依此建立事业的观念最初是如何浮现的。

（2）说明你已经跟哪些主要顾客讨论过你的

解决方案——他们目前对哪些问题感到头痛，为何你认为自己开发出来的解决方案会有即时的市场。

（3）发表你的问题宣言——你攻克很久的难题，以及你提供给未来顾客的解决办法。

2. 产业动态与风险分析

这部分你要详细说明，为了使你的点子能够成功产品化，需要有什么样的商业环境来配合。

（1）界定你所属的产业与市场——包括整体规模与特色。大致而言，大多数产业可以划分为几类：活力十足（刚开始成长，群雄争霸，没有领导者）、技术成熟（各家企业因基础建设不同，获利差异很大）或敌对（由强大而地位明确的龙头企业主宰）。你也可以采用全面的创新层次、典型的产品生命周期界定，或者其他任何值得注意的特色标准进行划分。

（2）强调业内的策略转折点——有哪些领域因为新技术、新商业模式、新竞争等，使既有产业秩序发生重大改变，从而出现绝佳的市场机会。

（3）观察涉及的风险——谁会是你的主要竞争对手，即将出现何种突破性科技，哪些顾客比较可能改用替代产品，会面临哪些资源竞争等。

（4）讨论你提议的顾客解决方案——设计一套解决方案说明，详细指出一般人为什么会购买你计划提供的产品。此外增加一项分析，你公司的优势、弱点、机会与威胁，补充说明你的规划有哪些优缺点。将你的解决方案和竞争对手的方案详细比较，总结你在哪些方面可以做得比他们更好，他们哪些能力你很难模仿。

关键思维

机会一部分是直觉，一部分是因为你愿

意专心投入一种产业、一项计划或一项专业技术。

——戴尔，戴尔电脑创办人

二　商业策略与竞争优势

目标能够详细说明你创业的发展方向，策略界定你前进的方向。把握好目标和策略，你就能为创业找到有利的定位，打败竞争对手。

创业计划在这一部分要能够证明你提供的产品能够契合市场存在的机会，并且能获利。

1. 你的事业策略

策略就是你在既有竞争环境中，为达成目标所拟订的工作计划。

（1）讨论策略推进的过程——你最基本的策略愿景，你拥有的核心能力以及你如何取得这些能力，还有你公司的组成过程。

（2）审视你惯常采用哪些绩效评估标准——证明你已充分掌握能为你的创业投资创造价值的

关键数据。顺便也提一提，这些评估标准如何与各方利害关系人评比绩效的标准相配合。

（3）列举创业计划中商业模式的关键要素，如：

◎ 你的创业计划如何赚钱。

◎ 你的目标顾客是谁。

◎ 顾客有多少可支配收入。

◎ 产业的价格动向。

2. 你的持续竞争优势

你计划如何给顾客提供比竞争对手更多的价值。

（1）详细说明竞争优势的来源——说明优势是否基于以下各要素：

◎ 管理团队的专业技术。

◎ 某些知识产权的独家使用权。

◎ 与策略伙伴的既有关系。

◎ 有便利渠道可以取得极度渴求的信息。

◎ 途径与人脉的渠道。

◎ 充沛的现金或其他资源。

（2）讨论你计划如何保持竞争优势，亦即可以做哪些事，以确保竞争对手无法建立与你相抗衡的商业模式。这或许涉及为你的知识产权取得专利权、商标权或版权，以便策略性地管理你的脑力劳动成果。你也可以与第三方签订授权合约，对方必须付费才能取得使用你专利的权利。

关键思维

生存下来的不是最聪明的，也不是最强壮的，而是反应最快的。

——达尔文

不能等到机会来临以后才开始做准备，必须早在机会出现之前就预做准备，否则一切就太迟了。

——伍登，传奇教练

你不能管理你无法评估的事物。接受你可以评估的工作，才会有机会把它们完成。

——惠列特，惠普公司创办人

三　建立与管理新创事业团队

创造高成长的新事业，你需要一支拥有适当技术的团队。新企业唯一能够和其他公司真正区别的，就是人才。

创业计划在这一部分必须勾勒出你可以凭靠的管理团队或其他事业伙伴。“人脉”是创业计划中不可或缺的要素，必须特别小心说明。

1. 你的创业团队

建立新创事业需要有专业技术人员。凡事都靠自己一人，不仅体能上做不到，也不切实际。

（1）从创办人开始——说明每个人可以贡献给新创事业哪些技术、能力、专业与热情。

（2）讨论创业团队组成的过程——接触过哪些人，为什么找那些人。重点在于说明所有关键职务安排的情形（例如营销、财务管理、行政管理、领导及运营作业等）。

（3）激励制度——团队成员的报酬设计，如何激发成员的绩效表现。

（4）对创业团队彼此间的差异抱持开放态度——说明你计划如何在短时间内填补这些差距。你必须为此拟一个时间表。

2. 团队管理及其他问题

有合适的人才加入团队很重要，但行得通的管理结构也同样重要。

（1）详细说明公司与资本的结构——因为若不事先厘清这两大问题，可能导致日后付出高额代价。你也该详细说明，未来的资本结构可能会如何随着公司成长而进行调整。

（2）新公司由谁负责决策——以及决策过程。你也该提一提，万一将来发生争执或冲突，如何才能解决争端而不致对公司造成负面影响。

（3）讨论外部团队——由董事会、专业服务提供者（通常包括律师、会计师、财务中介），以及任何你打算与他们建立长期关系的外部咨询者或顾问组成。说明你如何控制与整合这些资源才不致产生混乱与问题。

关键思维

在四周尽可能安插你能找到的最优秀的人才，授权给他们，不要干涉。

——里根，美国前总统

计划无所谓，最重要的是做规划。

——艾森豪威尔，美国将军

四　控制与分配资金来源

商业资源永远不足。你必须证明你知道这一点，而且事先已审慎评估。

这部分的创业计划必须证明，你能区分企业成功不可或缺的资源，以及在理想状态下最好能拥有的资源。你永远都不可能拥有足够的资源，你必须证明你了解这个现实。

1. 产品开发

没有产品销售，就不可能产生盈利。你必须在取信于他人之前，证明你会睿智地分配资金。

(1) 预期的产品规格——展示你是一心一意把一件事做得出类拔萃，而不是想要面面俱到。

(2) 短期目标——说明推出产品前所需的资源，并坦白说明资金分配的方式。大多数企业家都会低估创业所需的时间与资金。谈谈万一需要更多资金时，会有什么结果。

（3）设定里程碑——在达成目标的过程中，设定一些让你可以确认进度的阶段里程碑。详细说明每个里程碑由谁负责达成，以及他们需要哪些资源才能达成目标。

（4）制作现金预算表——阐述有多少现金会挹注到新创事业，并明确指出每笔资金用于何处。让大家知道，你十分清楚现金流量与净收入之间的差异。

2. 截至目前你的筹款策略

提供部分细节说明你目前的成果。

（1）谈谈你个人付出的努力——说明你为创业付出了多少时间与精力。如果你有一些独具创意的事迹，应该略作说明。这有助于肯定你个人对新创事业的热忱与持续的投入。如果你投入了个人大部分的资产，很显然能提升你的信用。

（2）过去的销售业绩（如果有的话）——用这些业绩证明，你的商业模式中对产品所设定的利基和定价等都是有效的。

（3）讨论你弥补财务缺口的策略——也许是尝试尽早开始运营，取得现金周转；你也可以建立策略性合伙关系，由对方在创业这个阶段提供协助。从如何充分运用策略关系的角度说明公司的做法。

关键思维

企业精神基本上就是冒险，因为极少所谓的企业家知道自己在干什么。他们不谈什么方法论，他们触犯最根本的、大家最为熟悉的规则。

——彼得·德鲁克，管理学大师

五 进军市场策略

市场上的成功一部分靠直觉，一部分靠机会，还有一部分靠执行力。追求成功，你必须证明你了解进军市场在策略上面临的挑战。

在这项说明中，你必须证明你已备妥成功的所有要素。最重要的是，需要有合理、平衡的思考，不能毫无根据地乐观预测。

1. 讨论你从事的产业

列举产业中有哪些既有的价值网络是各企业在创造价值时都会进行的活动。

（1）竞争分析——谁是市场领袖，他们擅长哪些价值链活动，他们的核心能力是什么等。说明你的公司应该把心力集中在哪些重点方面。

（2）详细分析产业的价值网络——哪些公司

擅长哪些增加附加价值的活动，谁是业界领袖，哪些利基尚未被目前的厂商开发。

（3）分析产业动态——在过去，开路先锋、创意突破者、快速跟随者，谁获利较佳。参考创新者的记录，作为未来商机的指标。

（4）观察潜在的替代品——判断市场是否够成熟，是否能接受替代解决方案。市场可能会在产业经济方面发生变化，或有新科技问世时，转而接受新的解决方案。

2. 开发进军市场的策略

确定你要如何进军市场，会尝试执行哪种商业策略。

（1）说明你如何挑选进军市场的策略——决策时需要考虑哪些因素。

（2）比较分析——观察其他人目前在做些什么、过去做过些什么，以便打进市场。

（3）设想进军市场会遇到哪些障碍——详细

说明实际上你会如何克服这些技术或策略的障碍。理想状态下，你也要详细说明，这些障碍将如何阻止竞争对手在未来模仿你的商业模式。

（4）检讨所有周边因素——例如你是否有必要审视市场；不仅只扮演市场的直接参与者，还要成为供应商的供应商，判断这一想法是否可行；随着新对手加入市场，你的定价需要有多大弹性；你的公司在整个产业中应如何定位等。

关键思维

就算你有个好点子，不见得全世界已准备要采纳它。

——达尔顿

网络供应商 Earthlink 创办人

企业家会犯的最大错误，就是同时发明一种销售渠道和一种新的产品类别。

——布朗，昆腾企业前 CEO

六 营销与业务策略

事业要蒸蒸日上，必须争取到付费的顾客。营销可以让你的产品广为人知，销售业务则致力于说服潜在顾客真正掏钱出来购买。

创业计划这一部分谈的是，你如何克服市场上的杂音，引起消费者注意，然后把大家的兴趣变成盈利。

1. 讨论你的销售与营销目标

说明你如何在吸引顾客的同时，抓住机会为他们服务，带动事业成长。

（1）介绍公司内部的营销高手——你的管理团队中，负责推动销售与营销计划的那个人。谈谈这个人是如何招募到的，领多少报酬，以及他过去的经验。

（2）说明你的营销目标——技术、策略与财务等方面。

（3）详细说明你预期的典型购买周期——你在每一阶段，计划做些什么事来缩短消费者的购买周期。

（4）讨论你特有的销售技巧——并且分析决定顾客购买周期的关键因素。在多数情况下，这些关键因素包括：得知产品、产生兴趣、评估、试用及最终决定采用。

（5）描绘你的理想顾客的轮廓——以及你如何跟产品或服务的顾客建立关系。

2. 建立盈利模式

不论你其他方面做得有多好，都需要有销售收入才能继续前进。

（1）设定定价目标——必须与公司的各项技术、策略与财务因素一致。

（2）决定预期的需求——可参考其他产业的

先例与市场直觉。

（3）估算实际成本——以制造原型产品为估算依据。

（4）评估竞争对手——竞争对手的成本结构，以及预期中他们会有何种竞争反应。

（5）设计定价方法——定价过程中可能涉及的一次性成本，必须支付的授权费和后续销售的潜力等，都必须考虑在内。

（6）选择你的初步价位——一旦你对价格弹性有更好的把握之后，便可以逐步调整价位。

（7）不断修订数字——根据市场的持续变动，以及顾客的反馈意见。

（8）详细说明你的“收益活动”——销售成交、支票兑现等。

（9）确切了解各项活动的“集客率”有多高——亦即你需要做多少足以引起消费者注意与感兴趣的准备活动，才能吸引一定数量的商家及消费者有意愿要展售产品或购买产品，进而可以取得购买订单，完成最终的收益活动。将这些比率数字与销售周期一起考虑，便能证明你的需求预期是真的符合事实，还是凭空想象。

七　成长策略与管理能力

成长是好事——成长是商业的血脉。然而，除非你事先有正确的布局，否则成长也会带来问题。

在此应该确认，你已具备充分的管理能力，而且你已有着适应快速成长的管理布局。

1. 讨论你的企业成长策略

用事实证明你凡事是向前看的，而不是单纯在事情发生后才见招拆招。

（1）说明你会采用哪些基本的成长策略。

◎ 为既有产品寻找新市场。

◎ 寻找新产品或新服务。

◎ 对既有顾客销售更多相同的产品。

◎ 通过合并或并购成长。

（2）分析若要成长策略成功，必须具备哪些基本管理能力——证实你已经招募更多人手，正在朝正确的方向迈进。

（3）预测你何时必须从创业管理转变为专业管理——什么是这个转变的转折点。详细说明你要如何开发人力资源，建立管理程序，逐渐将更多责任移交给其他人。

（4）谈谈即将出现的改变——说明你将如何应对这些变化。提供一些有关你公司应变能力的细节。

2. 讨论“成长墙”

当情况失控，现金花尽、业务停滞、主要员工另谋高就时，高成长企业往往就会撞墙。

（1）列举产业的典型成长墙——过去的公司如何设法度过这个关卡。

（2）说明你目前采取哪些行动应对这种情况——可能包括下列做法：

◎ 继续创新，精益求精。

◎ 招募培养新时代领导者。

◎ 强化企业文化。

◎ 改善公司的规划能力。

◎ 下放更多权力。

◎ 减少管理决策的瓶颈。

◎ 消除沟通障碍。

◎ 建立更好的薪酬与奖励办法。

关键思维

很多公司垮台，就是因为创办人自称是团队的一员，但实则口惠而不实，从没有真正付出全力。

——戈登

斯宾塞斯图亚特顾问公司经营董事

越是成功的人，面临的挑战就越大。

——史塔克，作家

八　企业策略网络

建立网络的主旨，是为了创造有共同利益的社交网络维系顾客。在此强调的是，应当与顾客合作创造源源不断的价值。

这部分的创业计划应该突显你为了创造真正结合成网络的企业群体做了哪些努力。

1. 详细说明顾客网络的动态

说明你需要“从摇篮到坟墓”的全套策略，持续不断地提供给顾客更多价值。

（1）说明合作的好处——顾客可以帮助你构思产品的新点子，同时也互助合作，充分利用共同的经验。

（2）谈谈企业网络提供的额外好处，诸如：

◎ 通过自助网站，改进顾客服务。

◎ 改善顾客满意度与反应。

◎ 降低企业各项运营成本。

◎ 得到改善产品与服务的反馈意见。

◎ 更精确的商业情报。

◎ 覆盖更大的市场。

◎ 降低错误发生的概率。

◎ 提升全球竞争力。

（3）详细说明你可以做到更好的顾客关系管理——这可以减少开发新产品所需的时间，提高顾客认同，更对增加未来的附加销售有所帮助。

2. 谈谈你在管理网络上的需要

证明你确实有开发与管理有效顾客网络的需要，并把顾客网络当成经营模式的延伸。

（1）明确指出维系顾客需要的条件——将竞争对手所提供的网络的互动影响列入考虑。

（2）增进顾客之间的合作——他们可以共同使用其他顾客提供的特殊信息资料库。

（3）让所有利害关系人加入你的顾客网络——零售经销商、员工、投资人、供应商及其他有增值作用的人。

（4）制作网络蓝图——有明确的商业目标、确切的绩效评量标准，以及定期评估进度的方法。

（5）维护网络——让每个愿意表达意见的人都可以加入。在网站上建立顾客网络是很容易的事。

关键思维

利用社交网络全方位、多渠道地支持你的品牌，那么你随时随地都可以扩展你的用户、利害关系人和粉丝群。

——斯泰尔斯，纳斯达克执行副总裁

把所有业务往来的对象，都视为自己的家人。

——松下幸之助，松下电子创办人

九　融资策略

简单来说，融资就是取得执行创业计划的足够资金。如果想先完成创业计划，然后再决定你能凭此计划筹募到多少钱，可以说是本末倒置。与之相反，融资策略应该是决定你募款金额的理论基础。

创业计划应该全力支持你的融资策略。建立健全的财务计划有下列五大步骤：

1. 完成你预定的各项财务报表

这些财务报表应该模拟你为新企业勾勒的成长曲线。很明显，你的财务计划，必须与你在创业计划上详细说明的运营观念与计划一致。这些财务报表应包括下列报表：

◎ 预估的损益表——整合你的预期销售收入、成长策略与现金预算。损益表应该涵盖未来五年，并加注解说明你的推算逻辑。

◎ 预估的资产负债表——记录未来五年资本盈余，并总结五年内的资金来源。同样，这需要与整体经营计划一致。

◎ 股东权益报表或资本总表——列出企业的资本结构、股权分配、每股成本等。这份文件详细说明企业成长时，你计划如何取得运营资金。

◎ 资本需求或资金管制计划——解释投资人的钱会被用在何处。

◎ 假设与注解——详细记录财务报表各数字的精确计算细节。

2. 决定你需要多少资金才能支持5到7年的成长策略

提供投资于厂房、设备、运营资金、营销费用、人力开销的足够资金。

3. 先预测内部运营可产生多少资金，然后决定你需要多少外来资金

要记住，募得的外来资金一定要与企业价值以及股东提供的资产一致。外来投资者会根据折现后的现金流量计算净值：

（1）净现值——以现值计算企业未来现金流量与各项费用。投资者在评估目前的净值是否有吸引力时，会把风险和投资报酬依次考虑进去。

（2）内部投资报酬率——需要多长时间企业才能产生正的现金流量，并反馈给各投资人，投资报酬率有多高。说得简单点，除非内部报酬率够高，足以抵消涉及的风险，否则大多数投资人会另谋他处。根据经验法则，创投业者会期望新创事业每年要有58％的内部报酬率。

4. 建立一套财务控制系统

控制资金的分配与运用。当然，除非投资人相信你的创业计划能执行得当，否则不会把资金投入你的事业。一定要有确切的程序与方法，并设一位财务主管，负责规划资金运用。

5. **拟定实际可行的时间表**

因为要找到投资者，总得花上比你预期更长的时间。如果你有系统地进行这项工作，成功的机会将大幅增加。一般的步骤如下：

（1）跟你的顾问合作，拟定一份可能会对你的事业感兴趣的潜在投资者名单。

（2）按先后顺序将名单列出。

（3）开始去敲门。

（4）不要停止。记住，典型的创投业者每看1000份投资计划书，只会跟其中的20个管理团队会面；而这20个团队中，他们只愿资助一个团队。所以千万不要因拒绝而气馁。

（5）请你面谈过的对象提供反馈意见，过程中不断修订你的计划。

（6）不断努力扩展人脉。你永远不知道合适的投资公司会从哪儿冒出来。

(7) 也可考虑变通的资金来源：

◎ 企业风险投资基金。

◎ 小型企业投资公司。

◎ 联邦技术移转资金。

◎ 资产担保的抵押贷款。

◎ 其他形式的债务资本，如信用贷款。

十 退出策略与退出目标

成功的企业家总在一开始就想好了退出策略。这个退出策略同时也提供一个评估成功的最终标准。

如果你没考虑到退出策略，潜在的投资者可能会假设，你只凭兴趣把事业当作生活的一种方式来经营，并非想追求高成长的企业。那么你的提案，跟建议以某些事件启动退出策略并收获成果的计划书比较起来，就显得不那么有吸引力。

十大最有可能的退出策略如下：

（1）建立自由现金流量，然后分配投资者高额红利，不再将现金挹注到公司的成长上。

（2）私下出售给管理团队。通过融资的管理部门整体收购或进行其他类似的交易。

（3）将公司卖给员工——通过员工股票选择权计划或类似计划。

（4）将公司出售给继承人或其他家族成员。

（5）将资产变现。将资产分别出售，产生较多盈利。

（6）策略性出售——销售给供应商、主要顾客或竞争对手。

（7）将运营中的公司脱手——卖给创投集团或民营资产管理集团。

（8）强迫变现——容许所有人将创造的附加价值变现。

（9）由另一家公司购买或合并——或许作为海外公司的一部分，以便进入你的市场。

（10）公开上市——拿出股票公开销售，引进专业管理团队。

如果你在创业之初就考虑到结束点，在适当

时机退出，将为你和投资者开启可观的折现机会。在创业计划中详细说明你预计采用哪种退出策略，并列出启动退出行动的事件。

启动事件可能包括下列各项：

◎ 政府法规改变。

◎ 任命专业经理人。

◎ 核心产品变成日常用品。

◎ 公司价值达到预先设定的价位。

◎ 达到预先设定的收益目标。

◎ 与大宗顾客取得长期合约。

◎ 达到预先设定的总人数。

◎ 投资团队成员达到某个年龄。

◎ 潜在购买者表示强烈的兴趣。

关键思维

萧伯纳对爱情的看法也适用于商业经营：任何傻瓜都可以开始一段恋情，但要成功结束一段恋情，却需要天分。

——百格雷，企业经营学教授

投资者要先知道他们的投资何时能获利才会愿意承诺资助。他们不会无止尽地投资，一般是三到七年，然后他们就期待赚一笔跟风险相当的利润。

——罗伯特·普赖斯

投资计划书辅助资料清单

投资计划书宜简短，在 15 页到 19 页之间。所以其他可能需要的资料，都可以塞进辅助资料。

理想状态下，你要把所有在详尽的企业经营核查过程中可能用得着的材料都装进辅助资料。这么一来，如果有潜在投资者表示强烈兴趣，你就已经准备妥当，可以立刻进行核查。

可以涵盖在辅助资料中的项目包括下列各项：

◎ 主要管理人员的履历和推荐信。

◎ 所有主要员工的履历和推荐信。

◎ 董事会成员，以及所有你计划聘用的策略顾问的履历与背景资料。

◎ 提供专业服务者的联络资料清单。

◎ 更多详尽的财务信息，包括每月现金流量预测和未来五年的预估。

◎ 任何由专业人士制作并经过审核的财务报表。

◎ 业务往来的供应商及小包商的信息，如有合约，也一并附上。

◎ 公司成立条款以及公司证书复印件。

◎ 董事会议记录以及所有通过的执行细则复印件。

◎ 潜在顾客的合同意向。

◎ 有关你产品的详细信息，包括宣传小册、照片和图表。

◎ 任何专利权或专利申请资料的复印件。

◎ 任何进行中合约的复印件。

◎ 前三年的报税单。

◎ 市场调查与草拟的营销资料。

◎ 已执行的市场研究结果。

◎ 价目表。

◎ 竞争产品的资料记录。

◎ 任何有关你公司报导的复印件。

◎ 生产与制造细节。

◎ 任何由公司主管或研究人员发布的相关信息。

◎ 与早期投资者的任何投资协议。

◎ 劳动合同。

◎ 任何股票选择权的协议。

◎ 保险文件——产品责任险、一般责任险、主管保险。

◎ 任何管理团队或其他主要员工签署的同业竞争保密条款同意书。

◎ 显示目前与计划雇用员工的组织结构表。

◎ 制式表格——环保部门报告、证管会报告等。

◎ 任何财产或设备的租约。

将所有你可以提供的辅助资料列成清单，会是个好主意。然后你可以征询任何潜在投资者，挑选他们需要的文件。这不仅显示你了解风险投资的运作程序，也可从中看出他们实际感兴趣的程度。

关键思维

美国记者乔治曾经说过：“任何沉浸于伟大观念的人，都点燃了可以点燃其他火把的火焰，对他接触到的人产生影响，不论为数多或少。”我们诚挚希望，我们也提供了点燃你火把的火焰，从今以后照亮你向成功迈进的旅途。

——罗伯特·普赖斯

专家解读

创业既是流行，也是趋势

文/陈碧芬

创业是一项既流行又具趋势的活动。什么叫流行？就是每个人望望自己的周遭，都可以轻易发现与创业沾边的事情。例如，婶婶的儿子因为科技创业成功而富贵满堂；表弟租了个小摊位在菜市场煎锅贴，煎到眼冒金星还赚不了钱；学妹的男朋友决定和她分手，因为学妹坚持要付10万元买加盟店的保证金。

创业，为什么又是趋势？管理学大师彼得·德鲁克所分析的后资本主义社会，即是建构在创业、创新的基础上的。他在20世纪90年代初期通过不断宣扬与阐述让这个问题浮现出来。十多年后的今天，我们的社会仍然认可创业的重要地位，如此长期不变的思维，经过学术殿堂的批判、辩证和产业经营界的实际验证，创业俨然成为一种现代精神，代表着社会整体的发展。

1. 推动创业社会化

美国社会是创业趋势的全球代表，无论是图腾式的政府政策，还是认同化的社会价值，在美国都可以亲眼看到，实际使用到。近十年来的知识经济更加肯定了美国所具有的前瞻性。也因为美国已经取得近代史上的科技创新地位，把科技研发落实到创业行为上，扩大产业链的切割可能，吸取主流产业在人力、资金等方面的资源，与制造流程结合的科技创业就此成为美式创业的核心。

作者罗伯特·普赖斯所提倡的“创业成功四大基石”等概念与做法，是美国典型环境下的分析。他把科技创业流程所需要的“行为动力”、“筹组团队”、“创新构想的学习过程”、“社会环境的回授”等，化身为“掌握机会”、“策略领导”、

“组织能力”、“持续力”，实际上是一体两面。而创业成功所需要配合的创新科技、商业环境、人才整合、风险性资金、营销策略、市场肯定等条件，在美国的大环境中一应俱全，让以竞争者自居的欧洲瞠乎其后。

二战后各国纷纷实施计划经济，由政府带领进行战后复苏建设，使得欧洲社会及其民众的商业概念停留在由大型组织统筹管理的模式上。我们现在还能看到，欧洲人习惯在大企业旗下任职，上班族影响欧洲社会的长期运作，尤其是欧洲经济大国——德法两国，普遍缺乏鼓励创业的动力。小型企业的存在空间其实只限于诸如西班牙、爱尔兰等经济发展还在新兴阶段的社会，在这种环境下所产生的创业行为，因为缺少了美国的科技创新资源，所以和泰国或香港等亚洲国家和地区的创业类型非常相近。

创业在欧洲至今还没有成为趋势。现阶段在

一些北欧国家、英国、荷兰等国，开始从一流大学里推动创业教育，并从美国百森商学院与沃顿商学院两所知名学校引进完整的创业教程。部分国家也开始举办大学创业竞赛，慢慢推动创业社会化。创业融入欧洲的趋势理论才有机会生成。

2. 创业教育课程是一大功臣

社会化的过程，是一个以时间换空间的历程。欧洲人至今仍无法想象，作者普赖斯所描述的“夸大其词和写在餐巾纸上的创业计划已成过去”的情境，因为那是典型的美国硅谷生活模式。餐巾纸和欧洲社会，也曾碰撞出许多有趣的故事，但多数写的是音乐家的创作手稿或文学家突然涌现的灵感，没有听闻哪一个知名的欧洲创业计划是来自餐巾纸上的鬼画符。

在美国社会，餐巾纸上的创业计划已经成为过去，这应该感谢大专院校的创业教育课程，已经培养出大学生对于创业行为的价值化思维。整理美国常春藤大学的课程资料，我们可以了解，完整的创业教育学程，应该涵盖下列项目：

（1）新创事业：这是麻省理工学院创业课程的第一门课，内容包括市场机会认定、运营计划草拟、设立新创事业、团队运作、法律议题、财务议题等。

（2）初期资金募集：这里所指的资金，远超过一般认知的金钱，还包括人脉、咨询意见、关系网络等，都应该在创业初期就学习整合。

（3）新创事业技术策略：以科技技术作为创业核心，是迈克尔·波特强调的核心竞争力之主要来源，能够避免沦入路边摊创业的简易构思。课程重点在于新创事业如何建立技术策略。

（4）事业计划书撰写原则：作者在书中花了很长的篇幅解释事业计划书的撰写方式。事实上，这是一种技巧性的工作，会因为情境熟悉而能力精进，在一般的 MBA 课程中非常强调报告式功课，使得多数 MBA 毕业生成为做报告的高手，就是最好的实证。作者强调，事业计划书应该“随需而变”，视需要情况来调整计划书的页数多少或详细程度，这样才能超脱计划书的撰写原则，使人能够灵活地运用计划书的功能。

（5）技术销售及业务管理：这是非常实际的操作问题，让有意投入新创事业的人士提早思考市场面，并且自己设定可能的状况，及早找出解决的对策。

（6）创业实验：所有的创业构思过程，都需要将教室黑板上的文字转化为可执行的活动。创业实验就是校园里最接近实际的做法；麻省理工学院有 50K 创业竞赛，就是创业实验的一种。

3. 创业需要热情参与

在这些个案中，有一点值得注意：服务业的创业在台湾已经从蛋挞式流行模式，走进具有技术核心的科技创业模式。本文曾指出创业其实也是一种流行，每个人或多或少都会接触到。背后因素部分来自“流行”的驱使，例如前几年台湾地区陷入严重失业状态，许多离开办公室的可生产劳动力，为了维持生计，转进小本创业的活动，红蕃香肠、移动咖啡馆等摊贩式创业，在当地消费者勇于尝试的情况下蔚然成风。其实，这类创业只解决了部分失业人士的口袋问题，无助于社会整体的大步迈进。在全球创业监视指标的记录中，泰国是亚洲各国中最热衷于创业的国家，这个结果令人咋舌，但深入了解泰式的创业模式就会发现，其实这种模式普遍上仅限于小摊贩和零售小店。1997 年东南亚金融危机从泰国蔓延开来之后，许多泰国上班族和小企业主丢了工作，不少人就走上街头卖起三明治，把这当成再生的开端。这种做法，只是流行，不是趋势。

创业是如此地细微、又那般地宏观，作者罗

伯特·普赖斯曾长期任职的环球企业经营研究中心，以此作为研究课题之一，有说不完的故事，期刊论文已经发表，据估计，这些文献记载已融入社会价值的创业精神，主宰21世纪社会的前进。创业活动在不同的社会呈现出各种各样的有趣面貌，不该仅局限在简单的教条式指导里，更需要的是每个人的热情参与。

作者简介

陈碧芬，台湾淡江大学国际研究学院博士生，15年文字工作经验，资深财经专栏记者。曾撰译《虚幻曙光——资本主义全球化的危机》《巨观的智慧》《猎钱——创业制胜二十七条法则》等书。

一次搞懂精益创业

你可以用科学方法创业成功

The Lean Startup

How Today's Entrepreneurs Use Continuous Innovation to Create Radically Successful Businesses

原著作者简介

艾瑞克·莱斯(Eric Ries)，是位企业家，知名博主，是网络虚拟社交媒体 IMVU 的共同创办人兼技术总监，同时还是哈佛商学院的常驻企业家，经常受邀进行专题演讲。《纽约时报》《华尔街日报》《哈佛商业评论》和《赫芬顿邮报》都曾专文报导过他的精益创业法。

本文编译：黄治苹

主要内容

主题看板 创业需要创新思维 / 69

5分钟摘要 为什么这么多人创业失败 / 72

轻松读大师

一 精益创业法——愿景 / 75

二 精益创业法——掌舵 / 87

三 精益创业法——加速 / 106

主题看板

创业需要创新思维

创业是一件相当不容易的事,“创业维艰”对许多年轻人来说,更是摆脱老板脸色后,不能回避的事实。

21 世纪的创业环境大异于以往,过去熟悉的游戏规则和经营模式已在快速崩解,在全球化趋势、消费结构升级及科技进步等种种变动下,市场需求和市场结构急剧变化,为新产品和新服务的发展提供了契机,产生了无数的创业机会。新时代的创业者也不再只靠绞尽脑汁、苦干实干并祈祷天时地利人合。诚如作者艾瑞克·莱斯所言,成功打造新创事业是“可以学习的、可以传授的,创业本身就是一门经营管理。”

莱斯所提倡的“精益创业”就是一种科学的

方法。他明确告诉你，新创事业追求的是现实世界中顾客将会认可并感到满意的创意。你不必也不应该闭门造车，不着边际地揣摩消费者的需求，而是要用科学实验的方法，把初期的原型品或最低可行产品送到消费者手上，实际验证你的假设，系统化地收集消费者的反馈，重新修正产品再向消费者请益。如此不断重复“制造—检验—学习”的过程，且应加快速度，缩短周期。越早向消费者学习，越早确认创业的真正目标，你成功的机会就会越大。

在这样的情况下，你不必等到产品完美无瑕才上市，而是“先求有再求好”，必要的时候甚至要有进行关键转折的准备。这个思维大大颠覆了传统的想法，一改过去我们对创业者追求完美、百折不挠的坚毅形象的认识。因为，今日创业者面对的“不确定性”胜于以往，技术更新与市场变动的速度越来越快。如何有效管理不确定性的风险，正是“精益创业”的精髓所在——切实考虑顾客的需求，以最快的运作周期，用科学方法来做决策，创造顾客真正需要的产品。

“精益创业”不只适用于新创事业，也适用于公司内部创业或新品研发。大公司甚至可以同时拥有好几个创新团队，随时测试新的改良计划或激进的突破性想法。只要顺应新时代的变化、采用新的方法及策略，健全的创新思维文化将成为创业者最强大的后盾，创业的不确定性也将成为创业者最华丽的实验舞台。

5分钟摘要

为什么这么多人创业失败

创业者多半具有冒险性格以及追求个人成就的动机。他们愿意面对不确定性，甚至将不确定性视为大显身手的好机会。但是许多人仍认为创业成功全靠孤注一掷的勇气，完全忘了近在咫尺的消费者。只要你走出去，就可以直接面对现实世界，结束闭门造车。

商业界神话总是这么说：一位孤独的创业者，埋头在实验室或车库之类的地方，历尽千辛万苦，终于研发出伟大产品，一炮而红。这听来颇令人心动，但事实上，很多创业者往往在“烧光”所有资源后，就消失无踪——因为他们从不走出去倾听潜在顾客对他们的产品有什么看法，他们只在意产品，认为顾客需求届时自然就会到位。

创业要成功，必须要有不一样的管理方式，与其费心发展运营计划，不如动手找出加速学习与确认顾客需求的方法。要做到这点，最好的方法就是先制造出一个原型品（具备最低限度的功能），把它卖给具有早期接受者特质的人，然后不断修改产品——如有必要，每天改都可以；持续供应顾客改良后的新型产品，倾听他们的回应，采用他们的想法，制作出更好的版本，然后再获取更多的反馈意见。不断重复此过程，直到

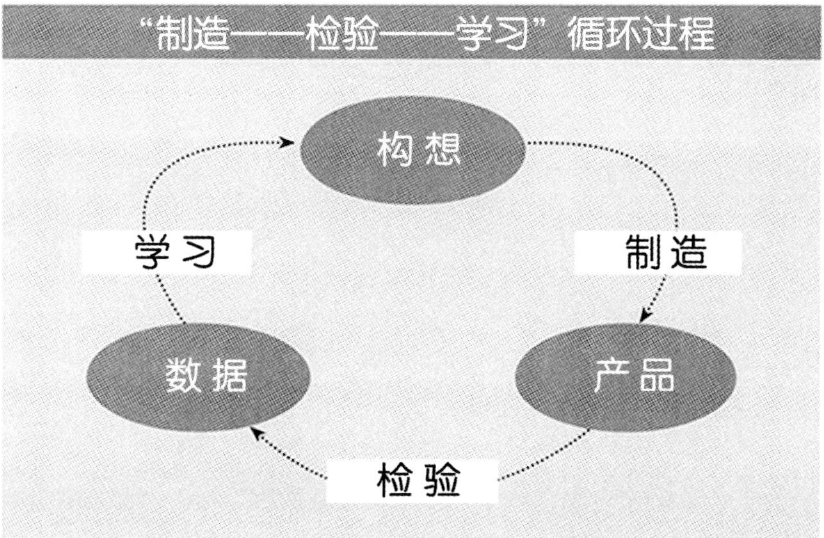

产出顾客喜爱且功能完善的产品。

换句话说，尽可能地不断进行“制造——检验——学习”循环过程，如果能有效确认创业的真正目标，你成功的机会就会更大一些。认真关注顾客的需求，在最快的运作周期内，用科学方法来做决策，这就是精益创业法的精髓所在。

一　精益创业法——愿景

切记，学习与知识的获取才是衡量创业进展的指标，新创事业的首要目标应是采用科学实验法探索如何打造可持续事业，其余都是额外收获。

建立新创事业的标准模式通常是：

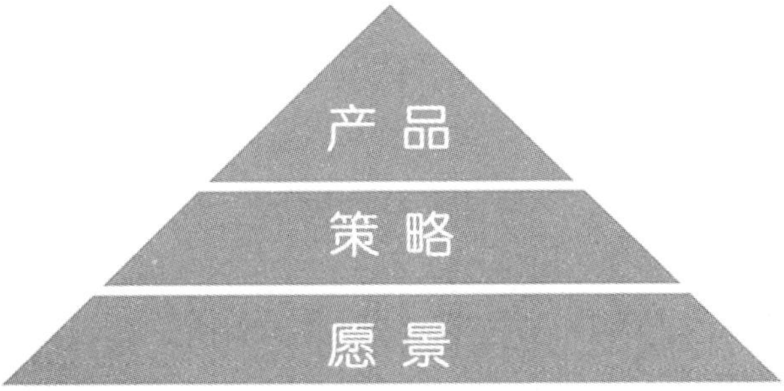

（1）有人提出愿景，多半不脱离这个版本："我们来搞个赚大钱的事业吧！生产一个受消费者热爱的世界级产品。"

（2）为了成就这个愿景，便根据以下描述发展出一套策略方针：

◎ 我们将采取的运营模式。

◎ 我们计划中的产品与服务规模。

◎ 我们愿意共同合作的伙伴。

◎ 我们的竞争者会是这些公司。

◎ 我们的目标顾客有这些特点。

（3）最后，依此策略产出一项产品或服务，在市场上销售。

在此模式下对创业家的传统印象是：辛勤奋斗、精力旺盛，不容易受路上的曲曲折折所困扰，有“做就对了”的态度与决心。这样的创业者上船掌舵，可以让产品顺利进入市场，能够让营销施展魔力，认为挫折是迈向终极成功之路的学习机会。

在现实生活中，创业过程就是一个不断磨练管理技巧的过程。任何一个创业者都会面临千头万绪的事情，而且这些事情往往会同时发生。随时随地你都要：

◎ 招揽新顾客。

◎ 满足现有顾客。

◎ 不断在幕后推动主动创新。

◎ 不断微调营销策略。

◎ 决定是否要改变策略。

◎ 持续不断地进行产品改良。

对多数创业者来说，做出产品是一切重心所在。伴随创业而来的任何学习，都只是过程中令人愉快的副产品；只有做出产品并上市，才是评估创业者成功与否的指标。

因此，许多新创业者最后意外打造出无人问津的东西，也就不令人惊讶了。如果真是这样，你的新创事业是否是在预算下达成目标也就不重要了。从较宏观的角度来看，那些制成品不过是一时兴起的产物。因此，任何新创业者的第一要务应该是，尽快且有效率地弄清楚顾客想要什么，以及他们肯花钱买什么。

要讨论新创事业，最好先厘清定义。一个理想的定义是：

新创事业是指一种人为组织与制度，公司在高度不确定的状况下，创造新产品或新服务。

关于这个定义，有几个重要方面需要留意：

（1）新创事业是一种组织或程序系统，不管创业者是否喜欢这样的用词——他们开发（通常是随意的）许多工作程序，来雇用新创意员工、协调统一活动、开发产品并整合其他所有必要的事物。成功的新创事业必然精于程序。

（2）新创事业专注于创造新产品与新服务——利用科学上的发现、新技术或对现有技术的再利用进行创新。有时，新创事业还会发展出新的商业模式，开发先前未发现的价值，让产品或服务有新定位，或服务不同的顾客群。创新可以有许多形式，将这些形式转作商业用途，新创事业即应运而生。

（3）不确定性是所有新创事业的宿命——也是挑战。因为这意味着，一般的管理工具大多无法应付。这些工具通常适用于已稳定发展的管理结构，而非具有高度不确定性的新创事业。例如预测、年度预算、产品制造里程碑和详细运营计划等标准工具，都无法在新创事业中发挥应有功效——新创事业需要不同的经营工具。

人们通常以为，新创事业必须在车库或实验室里进行，好与稳定运作的事业区别开来。虽然大致无误，不过事实上，也有在公司内部进行创业的案例。以美国最大的财务、税务和会计工具研发公司财捷为例，财捷拥有超过 7700 位员工，营业收入高达数十亿美元。尽管如此成功，财捷经营团队仍十分清楚，身为“《财富》100大企业”的一员，他们更要针对现有产品做额外变动，而不是只想新点子、开发新产品和服务。因此，财捷在创新与风险承担上，皆用心融入公司现有的运营模式。

2009年，在财捷内部工作的一个5人小组想出一个极大胆的点子——人们应该可以通过手机来申请退税，而且他们为此找到了方法。顾客只要用手机把他们的W－2申报单拍下来，然后把图像传给财捷，财捷收到后便负责完成后续的文书工作，然后提出1040 EZ退税申请。这项新产品被称作“快照报税器”。

为了了解此项产品是否有市场需求，快照报税器小组采取罕见的方式。他们先放出快照报税器的初期版本给只需申报简单退税的加州消费者。该小组在限量放出的情况下，第一年就修正了该软件所有的设计缺陷，隔年就向全国销售。

快照报税器成了财捷公司的成功事迹，在 2011 年退税申报活动一开始的前几周，就创下超过 35 万次下载量的佳绩。

快照报税器为财捷创下丰功伟绩，但该公司并不以此为满足，财捷又开始针对它的旗舰产品 TurboTax 商务投资财务软件进行各种消费者测试。在两个半月的报税活动期间，财捷大约测试了 500 种不同的更新，每星期执行高达 70 项不同的分段测试。测试流程是每周四在财捷网站上执行更新，周末进行系统的新微调测试，然后结果分析在周一出炉。隔周再进行其他更新，以此类推。

这群人测试、学习，然后再测试、再学习。因此，他们正试图把这样的做法广泛运用于整个组织。他们采用与高科技无关的测试方法，例如通过网站。如今每家公司都有网站，并非一定要用高科技工具才能进行快速运转的测试。

采用此种方法，结果让财捷发展出一些新产品。这些一年前都还不存在的新产品，为该公司带进 5000 万美元的营业收入。过去，财捷一项成功的新产品销售额达 5000 万美元，约耗时 5 年半，但今天，创新产品很快就能达到同样目标，这全拜公司的快速学习周期所赐。

这与人们在商场所学到的以及领导者所受到的训练大相径庭。问题不在于经营团队或创业者，那些人巴不得尽快让他们的宝贝产品上市，他们宁可让消费者而非公司内部人士决定产品的命运。问题关键在于领导者与中层管理者。许多企业领袖之所以会成功，是因为他们善于分析，他们是分析家，他们的工作就是做精密的规划和分析，然后得出一份计划。

精益创业法的整个精髓在于借助实验得出验证的知识，得知什么是顾客想要的（以及不想要的）。把初期的产品交到顾客手上，听他们的想法，然后根据他们的建议做修正，如此一来，你就破解了创业的致命难题，不至于成功地执行了一项计划后却发现这个计划压根没有前途。

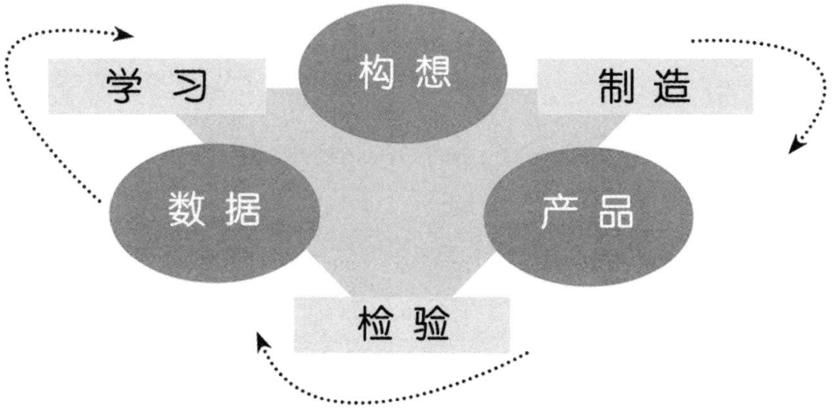

另一个新创事业会碰到的课题也要靠精益创业法的核心概念“制造——检验——学习”循环过程来解答，那就是“让产品出去，看看会发生什么事”的心态。许多公司看到产品上市后发生的事情却无法从中分析得出顾客的需求以及他们究竟为什么愿意买单。“制造——检验——学习”过程就是在不断修正中验证所学的过程。每个新创事业的目标都应该单纯地放在成功打造可持续事业究竟需要什么样的条件这个问题上。

精益创业5大原则

1. 不要忘记创业者无所不在。
2. 创业纯粹就是管理。
3. 任何新创事业的目标就是验证所学。
4. 成功的新创事业要能加速“制造—检验—学习”循环过程的进行。
5. 创新需要有可计量的衡量指标与检测方法。

捷步是实践精益创业法的好典范，它是全球最大的网络鞋店，一年营业额超过10亿美元。有别于其他姿态较高的网络创业者，创办人尼克·史温默另辟蹊径成立捷步。史温默没有一开始就建造大型仓储与进行基础建设，反而先去当地鞋店，询问店家是否愿意让他拍摄库存货品，放到网络上。他承诺如果有人在网上购买鞋子，便会以全额零售价向鞋店购买。如此一来，史温默就能够确认消费者的确会在网络上购鞋，而这个概念正是他运营计划里的重要元素。通过此项实验，捷步让自己有机会与顾客和生意伙伴互动，从互动中获知他们的喜好，然后再利用这些深入的观察，发展出可持续经营的运营计划。

关键思维

超过 10 年的创业经历让我从自身和他人的成败中获益良多，深刻领悟到最无趣的事物往往最为关键。新创事业能够成功不是因为有好基因，也不是天时地利的结果，而是通过遵循正确的程序规划出来的，此即意味着，它是可以学习、可以传授的，创业本身就是一门经营管理。

——艾瑞克·莱斯

二　精益创业法——掌舵

经营新创事业，要把重心放在尽可能加速“制造——检验——学习”循环过程上；严格测试所有“大胆且自信”的假设，然后决定为了迈向成功，是要进行关键转折，还是坚持到底。

新创事业是一种将构想转化成产品的催化剂，将顾客与产品互动后产生的数据和意见经反馈再转化成知识。或从另一个角度来看，一个理想的新创事业可以为以下4大问题找出解答：

（1）消费者是否相信我们正在帮他们解决的问题确实存在？

（2）如果有解决方案，他们是否真痛苦到需要花钱买它？

（3）他们会买我们的解决方案吗？

（4）我们可以在享有获利的情况下，不断制造并持续提供解决方案，以便可持续经营吗？

要有系统地回答上述问题，可采用“制造——检验——学习”循环过程方法：

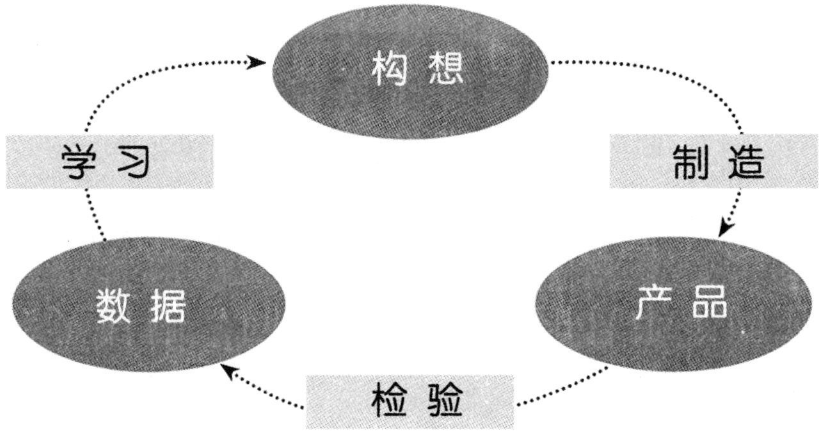

将科学方法应用在新创事业，首先须找出需要测试的假设是什么，对多数新创事业而言，最重要的有 2 个假设（见下页图表）。

这些假设可称为“大胆且自信”的假设，因为一个新创事业能否生存都是靠这些假设来决定的，如果可以让这些“大胆且自信”的假设全部到位，所有的事都将水到渠成。只要让这 2 个假

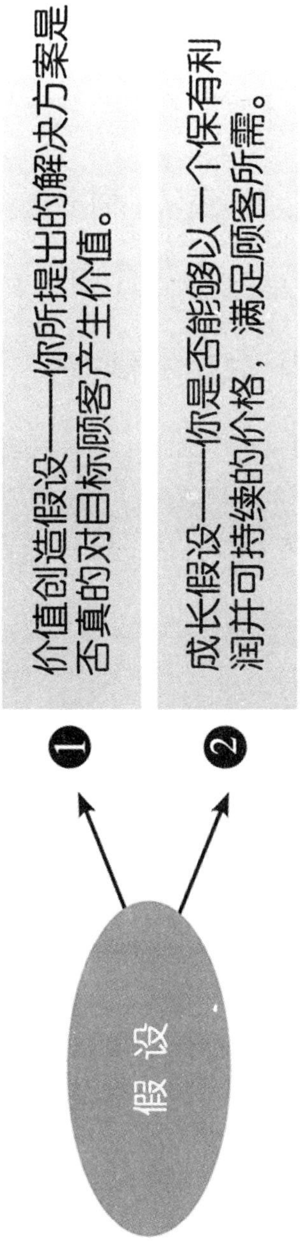

设发挥最大效益，并正确微调，它们就会成为未来企业成长的动力；因此，每一次“制造——检

验——学习”循环过程的进行，都应以微调与改善这些“大胆且自信”的假设为最终目标。

丰田汽车著名的精益制造系统采用日语“现地现物”来形容这些大胆且自信的假设如何检测，意即“眼见为实”。通常，测试基本假设的最佳方法就是走出去和现实世界里的人们互动，看看他们是否正在为你试图解决的问题所困扰。以实例阐明这个想法：

◎ 日本丰田汽车经理人横田雄二负责 Sienna 小型旅行车 2004 年款的改版。为了找出改良之道，横田跑了 85000 千米，遍及美国 50 州与加拿大 13 省。每到一个城市，他就租一辆 Sienna 现有车款，亲自找顾客聊聊，取得第一手资料。他了解到原来小型旅行车市场的主要顾客都是年轻小伙子，于是就带回了“如何让年轻人开 Sienna 开得更得心应手”的想法。2004 年款的 Sienna 一出来，就迅速走红，销售数量比

2003 年款高出 60%。

◎ 斯考特·库克在 1982 年首次想到创办财捷的点子时，他做了大胆且自信的假设，假设人们有一天会愿意使用个人电脑来支付账单和记账。为了测试这个假设，他挑了居住在加州帕洛阿尔托与伊利诺伊州威利卡两地的一些人，开始打电话，询问他们一些关于理财的问题。直到他确信人们对人工缴款感到厌烦，才开始着手研究解决方案。

测试这些大胆且自信的假设时，有 2 个问题常会突然蹦出来。许多时候，创业者会对准备动作感到不耐烦，他们更喜欢直接着手去做。他们或许会与一些顾客匆匆聊几句，但还是宁可埋头苦干，也不愿意多花点时间去讨论要做什么。反其道而行则会产生第二个潜在的问题——分析过度症候群：创业者花太多时间在不断改进他们的计划，以至于一事无成。上述这 2 个错误都可以通过“制造——检验——学习”循环过程来避免。

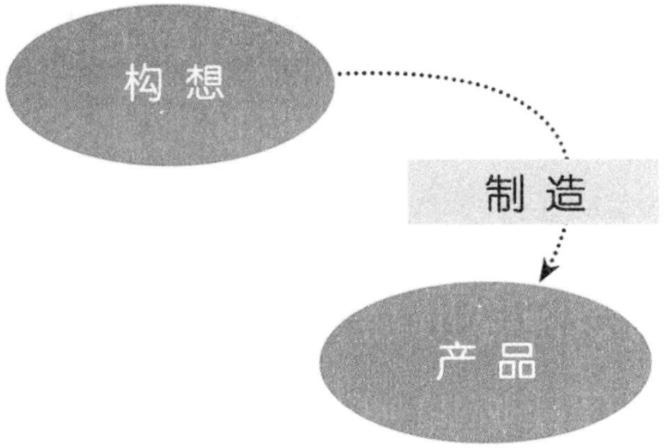

为了尽快展开循环过程，尽早获悉顾客想要什么，你必须先制造出“最低可行产品”，然后把它交到顾客手上，看看他们的反应。这与传统的产品开发流程恰好相反，传统做法是要等到产品发展臻于完美，才可出货。精益创业的思维则建议你应该尽快把性价比好的最低可行产品交到未来顾客手上，听听他们对你的作品有何意见。

最低可行产品的范围很难界定，从最简单

的烟雾测试（比样品好一点）到没有问题、功能完整的初期原型品都在其中。决定最低可行产品需要发展到多复杂，其实没有任何公式可循，全靠判断。幸运的是，这种判断力并不难培养：多半的创业者和产品开发人员都会高估一个最低可行产品应有的功能。如有怀疑，简化就对了。

实际做出一个产品，然后看看顾客对它的反应是什么，这样做的确有悖常理。人们一开始多半认为这样会导致浪费，然而事实上，如果打造出一个没人要的东西，其所投入的大量时间与资源，才是真浪费。把具备最简单功能的初期原型品送到顾客手上的时候，学习就开始了，也就不必再暗自揣摩顾客心思。

显然，第一个产品一定不会是完美的，这比较像是个学习实验品而不像你脑海中精致成品的模样。但是，把最低可行产品送到顾客面前，试探他们的反应，这一过程却是无价的。为此，有好几种做法：

（1）如果你的产品很复杂，人们很难想象成品的模样，不妨考虑制作一段短片与人分享，在短片中描述你的成品会有哪些功用。

（2）另一种方法是给予早期使用者贵宾级的待遇——每周由公司 CEO 和产品开发副总亲自拜访顾客，征询顾客意见。一旦解决了该顾客的问题，就可以投资该解决方案，进行自动化生产，扩大顾客群。

（3）或可先请工作人员在幕后用人工操作的方式，执行成品上市后会有的功能。

（4）可先打造出实体样品、仿真品和原型品。

必须要承认的是，让初期原型品进入市场，的确会与打造高品质、世界级产品的理想相冲突。但别忘了，在确实知道顾客要什么而且愿意掏腰包之前，你是不会真正了解什么叫品质的。通过获取顾客需求和评价的有力证据，低品质产品为未来高品质产品的出现打下基础。原型品让你的假设得到检验，形成未来发展的强大动力。

精益创业法不是反对打造高品质产品，而是在协助你赢得顾客支持。我们必须把传统的专业标准放在一旁，尽快展开实证学习的过程。

人们不愿意让初期原型品进入市场的原因，通常有：

（1）法律问题——一旦产品进入市场，可能就无法申请专利。这需要寻求法律意见。

（2）害怕惊动竞争对手——这是有可能的。不过切记，如果从长远来看你无法胜过对手，那你的新创事业也就注定失败。只要你能很快知悉顾客需求，竞争对手知道什么也就无关紧要了。

（3）品牌风险——原型品可能会威胁到已有知名度的品牌。原型品大可用另一个品牌上市，等到产品发展成熟后，再重新命名隆重上市。

（4）对士气的冲击——你或许会担心，初期版本的产品上市会让你的伙伴失去信心。尽管这的确是件令人担忧的事，但打一剂有益健康的预防针也不是什么坏事，反而可以打破团队在不经意间对现实可能有的扭曲认识。要提醒他们，你的原型品只是第一代产品，并非亮丽无瑕的版本。

一旦让最低可行产品进入市场，就需要系统化检测后续更新过程，了解是否有任何进展。因为新创事业的不确定性太高，预测和检测基准点的设定也很难正确，所以标准财会作业在这里不

管用，你需要创新的财会制度。

创新的财会制度包含 3 个步骤：

❶……使用最低可行产品，依目前所处位置建立基准线。

❷……然后进行微调，朝理想结果前进。

❸……是要坚持既定方向还是要进行关键转折？做出判断和决定。

创新的财会制度的优点是，它与每个新创事业相关的 3 大里程碑相辅相成：

（1）我们运营计划的假设正确吗？

要建立一个检测基准，有些公司只用单一原型品，有些则用多种原型品以兹比较。还有第三种方法，就是先执行试探性烟雾测试——向顾客提供产品型号，让他们挑选，预订数量够多时才开始制造产品。这 3 种方法都管用，因为都可以让运营计划的假设得到确认。

（2）带动成长的主要动力是什么？

一旦有了检测基准，就可以用实验来检验哪种改变会影响成长，从而明确为了带动公司成长需要采取哪些手段。

（3）我们的运营模式是否有延续性？

如果在现实世界里设定的基准线已接近损益平衡，你只需要再稍做微调与改进即可。若现实世界里测试的结果远低于预期，那就代表你应该进行关键转折，试试不同的东西。

这些关键转折很重要，因为它们可以让你免于白费力气去执行一项看起来冠冕堂皇，却了无意义的运营计划。当公司运营陷于泥潭需要改变方向时，创新财会制度会发出响亮而明确的警示信号：依据现状构建可持续发展的事业，或是另起炉灶。精确严格地使用创新财会制度，可避免陷入窘境。当有微调需要或运营方向需要根本改变时，创新财会制度会响亮而明确地发出警示信号。

在商业上，无益的“虚荣指标”容易让人放松警惕。所谓虚荣指标是指那些与你的目标几乎无关的统计数据。好比用户注册总数，这数目的稳定增长只是在报表上看起来好看，但从维持生存的运营模式观点来看，与能为公司带来利润的顾客总数相比，用户注册总数显然无足轻重。若关注点在此类虚荣指标上，你可能会误以为情况有极大的进展，但事实上你并没有更靠近“生存门槛”。

要管理一个成功的新创事业，须把心思放在3个“A”指标上面：

◎ Actionable：有作用的，可展现明确因果关系的。缺少这项特质，就是虚荣指标。

◎ Accessible：可理解的，亦即非常简单，人人都能了解，并可提供未来决策的参考。

◎ Auditable：可审核的，因为是有系统地收集信息，即使结果不尽如人意，也不会有人因而成为代罪羔羊。因此你需要从过程透明的数据资料中采集信息。

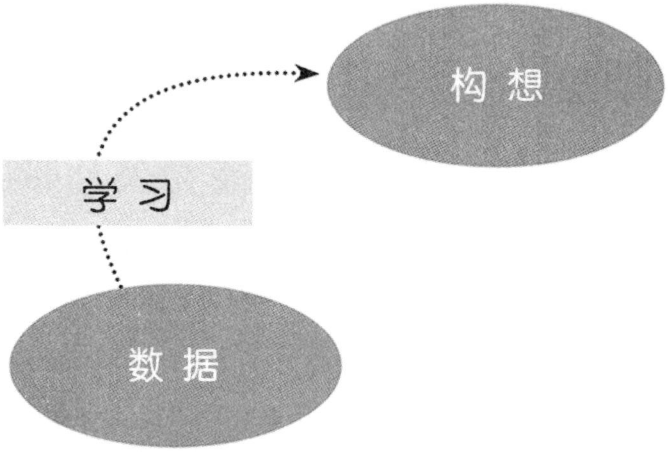

每个创业者在开发成功产品的过程中，最后都要面对一项终极挑战：决定何时要进行关键转折，何时应坚持下去。新创事业的生产力不在于源源不断地制造出更多的小玩意或功能，而在于能将我们的努力与事业和产品发展密切配合，创造价值，带动成长。换句话说，成功的关键转折可让我们朝着事业可持续经营的大道迈进。

综观历史上的创业者，他们都习惯把全部家

当押宝在他们的愿景上。典型的好莱坞电影里，创业家都是在人人不看好的情况下仍全速前进的人。最后在公司或产品造成轰动时，他才终于得到肯定。现实世界里却有成堆的那种卡在“生死边缘”的公司。它们赚的钱只够维持生存，要算真正成功又不够格。这些公司在那儿苟延残喘，只因它们觉得成功近在咫尺，只要微调一下它们的营销策略或产品，就可功成名就。

精益创业法会让“坚持既定方向或进行关键转折”的关键点明显浮出——因此更容易做出决定。因为这套方法建议人们要让多种版本的最低可行产品或原型品进入市场并接受检验，然后比较结果。当你回头审视自己大胆且自信的假设，参考现实世界里顾客的反应，便能让企业依据可信赖的创新指标，做出明智的选择。

从不同观点来看，把不同版本的原型品放进市场并采集实证数据后，一定可以知道什么会让顾客觉得值得购买。比较不同版本原型品反馈回来的结果，可以检测出你的假设是否正确：如果正确，就继续做下去并创造更多的价值；如果数据显示你的假设根本不正确，可能就要尽快调整方向或是进行关键转折。

运营计划发生关键转折至少有 10 种不同的方式：

（1）放大型关键转折——取先前的单一特点或功能，进一步扩展，最后成为独立的产品。

（2）缩小型关键转折——把先前认为已经完成的产品，变成一个更大产品里的一个特点或功能。

（3）消费者层关键转折——你可以开始为不一样的顾客建立解决方案，而非原来设定的顾客。

（4）顾客需求关键转折——比起最初锁定的问题，现有顾客还有其他更重要的问题等待解决。

（5）平台关键转折——可以从开发并销售应用软件，转型为提供人人都可使用的平台，反之亦然。

（6）运营结构关键转折——可以从低产量、高利润的市场转为大众市场，反之亦然。

（7）价值实践关键转折——改变产品盈利方式或营收模式。

（8）成长动力关键转折——从付费式成长模式转变成病毒式成长模式，或橡皮糖式成长模式。

（9）渠道关键转折——通过不同的业务或分销渠道，把产品或解决方案以不同方式送到顾客手中。

（10）技术关键转折——采取在价格与（或）成效上更具优势的不同技术，提出同等的解决方案。

不单只是对创业，对任何事业经营而言，关

键转折都是现实的一部分。从精益创业的角度来看，每当要用最低可行产品去测试新策略假设时，就有可能会发生关键转折。除非公司的关键转折能够经常发生，否则它就无法与不断变动的市场同步。话虽如此，关键转折的能力绝不能取代扎实稳当的策略性思考与规划。策略性思考与规划仍须在幕后发生作用。

整体来看，精益创业法的优点在于每当企业要进行关键转折时，就会有可立即接受检测的新假设出现。一旦转错弯，精益创业法还会有警示工具发出警示信号。

关键思维

经验老道的创业家常会谈及他们的创业跑道还剩下多长。这话指的是，新创事业还剩下多少时间，就得面临不是成功起飞就是失败坠毁的关键点。真正测量此跑道的指标是，新创事业还剩多少次关键转折——还有多少次机会可以针对运营策略进行根本改造。

做出关键转折的决定非常困难，许多公司都在这里栽跟头。这个决定需要有足够清楚客观的内心。每当产品试验出现递减效果，或是大家普遍认为产品开发必须更具成效时，都是关键转折的警示信号。看到这些征兆，就要考虑是否进行关键转折。

——艾瑞克·莱斯

三　精益创业法——加速

即使试图改变企业规模，也要持续延用标准的“制造——检验——学习”循环过程，而且要尽可能地快速运作。将精益制造概念注入企业，让企业良好地持续成长。这个方法势必会奏效。

理论上来说，精益创业法看起来缓慢、客观且简单。但在现实世界里，新创事业面对的所有决策，几乎都是混沌不明的，且环境快速变化；因此创业者要频繁地快速通过“制造——检验——学习”循环过程来迅速做出决定。

如何把这些整合起来呢？要让精益创业法收到最好成效，你要依次采取这些步骤：

1. 小批量生产

精益创业法应用在少量而非大批量生产，成

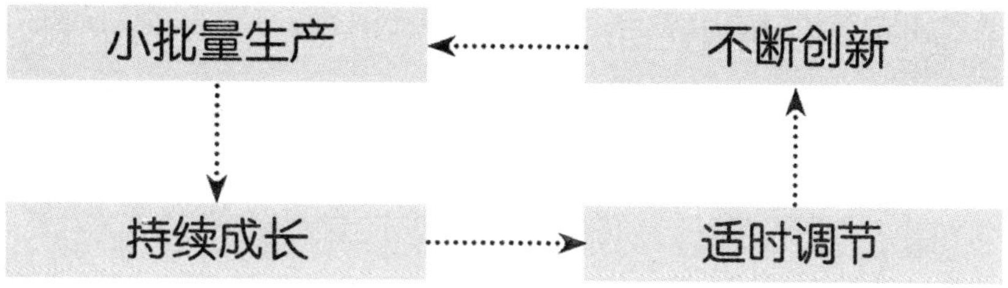

效显然是更好的。因为你在执行的是求取实证的试验，而非试图求取最佳化的结果。如果任何假设经证明是不合理的，你就不会想要为这个错误付出昂贵代价以至于造成致命损失。

精益创业法的目的不在于比他人更高的生产效率，要牢记，你是在学习如何打造可长久发展的事业。如果事实证明顾客并不想要你正在制造的东西，及早发现总比砸下数百万美元，仓库堆满货品后才发现要好得多。

一批产品的生产量越少，就能越快走完“制造——检验——学习”循环过程。只要你比竞争对手更快走完这个过程，你理所当然会比他们了解更多的信息。加上现在有了快速打造原型品的工具，使得把原型品快速送到潜在顾客面前并听取他们的意见，变成一件可行且值得一试的事。

少量生产能让你以低成本的实验条件，尽快测试你对顾客需求所做的假设。先厘清你需要知道的信息有哪些，然后将其融入试验里，取得有效的信息然后再继续推进。小批量生产不仅能够压低成本，还可以让你更快找到答案。

关键思维

光是督促员工加倍努力是不够的。我们现在面临的问题就是太努力了——却完全搞错方向。一心一意追求经营效率，让我们忽略了创新的真正目标：学习此刻所不知道的事物。精益创业主张应用科学方法，为创新最迫切的问题找到答案——我们如何用一套新产品或服务打造出可以持续经营的事业？

——艾瑞克·莱斯

2. 持续成长

想在业界长久存活，新创事业必须找出方法，既能保持现有顾客，同时还能年年招揽新顾客。换句话说，新创事业需要发展出所谓的“成长动力”。成长动力性能越佳、马力越强，新创事业也将成长得越快。

3种成长引擎：

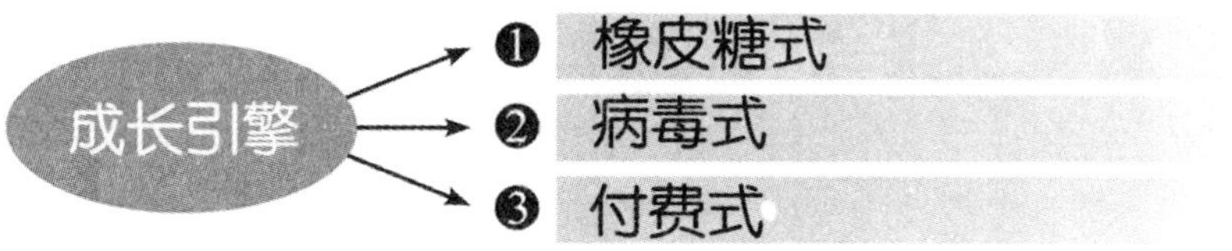

（1）橡皮糖式成长引擎——因为顾客转换产品的成本高或单纯喜好新品，此类型顾客忠诚度会高且持久。如果你打造的事业有橡皮糖特质，就必须小心监测顾客流失率（顾客转移到其他家）。如果你正在打造橡皮糖式成长引擎，就应该把重心放在如何让产品一直保持无穷魅力上。尽可能去做能做且该做的检测，让产品对现有顾客更具吸引力。

（2）病毒式成长引擎——产品知名度靠口碑传播或来自产品正常使用下的“副作用”。Hotmail是病毒式成长引擎最有名的范例之一。该公司当时正为吸引新顾客所苦，直到他们在每封发出去的信件底下加注“附注：Hotmail提供免费电子邮件信箱”并附上网页链接后，问题才得以解决。加注这则点击链接后的6个月内，Hotmail增加了超过100万新顾客。18个月后，Hotmail拥有1200万会员，随后微软以4亿美元买下该公司。如果你打造的是病毒式成长引擎，你需要确认顾客意见反馈渠道是畅通的，并针对如何能让顾客意见反馈渠道一直顺畅运作进行试验。

（3）付费式成长引擎——通过付费广告或在不同地点开新店，招揽新顾客。花钱刺激成长，成长来自增加从每个顾客赚得的营业收入或降低招揽顾客的成本。针对付费式成长引擎，顾客的终身价值相对于顾客开发成本之间的关系，是你必须要测试的关键方面。

多数创业者发现，专注在一个成长引擎上往往是最佳策略。之所以这样做，通常是因为只有一个成长引擎最适合该企业或该产品。然而，有意思的是，所有的成长引擎最终都会自然耗尽。若任其自然发展，成长便会变得缓慢或停止。这也就是为什么明智的公司会有好多组创业团队同时在幕后持续开发下一代产品的原因。这些团队不断地把一些最低可行产品放到市场上接受测试，找出产品存活之路。即使是稳定发展的公司也应该在稳固的基础上持续采用精益创业法。

3. 适时调节

创业者经常在为生死存亡而奋战，这样说一点也不夸张。他们要努力在资源耗尽前打造出可持续经营的事业。此外，创业者还需内建一些速度调节器，协助员工把工作做到最好。没有这项协助，你的团队不可能一边忙着推陈出新，一边又能维持高品质的产出。你必须质量兼顾，才能成功。

关键思维

科学是人类最富创意的活动之一，我相信把科学应用在企业经营上，将可开启人类库藏的巨大潜力。

——艾瑞克·莱斯

想知道是否会因为进展太快导致陷入麻烦的方法是：

（1）每当面对问题时，停下来至少问自己5次，为什么会这样。重复“为什么”5次，可帮助你找出问题症结所在，而非只看到问题的表象。

（2）在解决方案中，依比例分配投入的资源——问题小，就投入少量资源，只有对棘手的问题才分配大量资源。

（3）公司进展的速度不只与执行有关，也与知识的获得有关。随时准备好应对出现的问题。但对问题的回应，不要过度投资与过度规划。

（4）要抱持容许初犯的心态，但不容许同样错误再次发生。投入合理的资源，防止错误再次发生。

（5）小心，不要把 5 次“为什么”变成 5 次“责怪”——一出问题就指着别人骂，不仅无济于事也徒劳无功。如果问题发生后每个人都只想怪罪他人，就把每个相关的人都叫到会议室，大家当面把问题彻底讨论一番。把讨论焦点放在必要的系统性变更，而非涉事之人上。

（6）考虑指派一名改造大师——邀请资深人士主持，进行问题讨论并研发解决方案。这位改造大师要负责分派任务并追踪后续发展。他把解决问题的责任承揽下来，并评估花在解决问题上的投资是否值得。

当精益创业体开始成长时，在不放弃核心优势，即加速通过“制造——检验——学习”循环过程的情况下，可采用自我调节技术发展更复杂的工艺。事实上，采用这些源自精益制造法的技术，最主要的好处之一就是当精益创业体逐渐茁壮时，它们也已做好万全准备，能依据精益原则开展卓越管理。它们已经知道如何有纪律地运营、如何依自身处境量身打造经营方法以及如何使用精益技术。当一个成功的新创事业转型成为稳定成长的公司时，它也已经做好准备，将发展出有纪律的执行文化，这样的文化正是世界一流公司的表征，例如丰田汽车公司。

4. 不断创新

今日最成功的公司四周环伺着竞争者、紧追

其后的追随者与斗志旺盛的新创业者，个个都想来瓜分市场占有率。因此，大公司要不断创新，同时还要追求卓越管理。但要同时兼顾二者会是个挑战。有个好方法可以用来达成此项挑战，就是借用创投业者的想法，这被称作“组合式思维法”。

组合式思维法意指一直不断地进行许多不同的创新试验，要让这种做法奏效，则要：

（1）创新团队需要足够的资金，且不可转作他用。

（2）创新团队进行开发与测试他们的假设时，需要有完全的自主性，无需过多管理层的审批。

（3）公司内部创业需要有个人绩效作为奖励，如股票选择权或红利，视创新的长期表现而定。

精益创业法是创造优良试验平台的理想方

法，为此，你可以创造一个“创新沙箱”，公司内部创业者可以在这里公开地孕育自己的想法，而不是被遣送到遥远的研究单位或偏远地区进行研究。

创新沙箱要如何进行才能奏效？可以组成跨部门团队，负责创新研发，并允许这个团队：

（1）创造并执行真正的分段测试，比较顾客对目前产品与创新品的反应。

（2）明确指定试验的执行期限，或只对特定顾客或地区进行测试。

（3）分段测试要接受 5 到 10 个可执行的成效衡量指标的评估。所有的创新计划都要接受相同的衡量指标检验，才能使所得的检验结果具有一致性。

（4）分段测试进行中，团队必须同时监测顾客反应与基本衡量指标，如果有灾难性事件发生，可立即停止测试并恢复原状。

（5）分段测试必须从头到尾由同一团队执行，不可中途走马换将。

依此方式，采用精益创业的想法和系统，即使大公司也可以拥有可持续的创新文化。这种创新沙箱法可让快速更迭持续进行，加速判断，并不断累积反馈。管理层可以同时有好多这样的项目团队，随时测试新的微调与改进以及激进的突破性想法。采用小批量生产来确认状况，健全的创新思考文化因此诞生。

关键思维

精益创业理念追求的是，确保我们这些渴望打造出下一个伟大事物的人能有改变世界所需的工具。

——艾瑞克·莱斯

白手起家七件事

Money Hunt

27 New Rules for Creating and Growing

a Breakaway Business

原著作者简介

麦尔斯·斯宾塞(Miles Spencer)，拥有10年以上投资银行的经验，曾为创业者募集高达一亿美元的创业基金。斯宾塞现为新泽西资本快捷长期基金公司成员，克佛集团创办人，美国公共电视台《猎钱》创业节目主持人。

克里夫·安尼科(Cliff Ennico)，毕业于达特茅斯学院，范德比尔特大学法学博士。安尼科活跃于证券、企业财务及创业投资等领域，为拜恩尼克斯出版公司创办人兼CEO，美国公共电视台《猎钱》创业节目主持人。

本文编译：陈智文

主要内容

5分钟摘要　七件事、27 守则，创业必成 / 123

轻松读大师

一　你有创业家的特质吗 / 125

二　适当时机的适当构想 / 131

三　市场和竞争 / 137

四　人 / 143

五　我要钱 / 150

六　商场上的法律事务 / 156

七　退出——继续前进 / 163

5分钟摘要

七件事、27 守则，创业必成

现在正是创业的最佳时机——只要你睁大眼睛投入，但不要轻易相信一些商业书籍里披着糖衣的半吊子理论。在现实世界里，开创成功的事业并持续成长是一项挑战。不可避免的，经营的过程总会有出错的时候。如果生存是必须履行的责任而非期望的目标，那么聪明的方法就是学习其他人成功的方式。下列 27 项守则，就是专门用于应对商场上各种挑战的策略。

聪明人生意做得好，但即使是最聪明的人，也会将他们的成功归因于善于从别人的错误中学习经验教训，仿效别人正确的做法，避免重蹈覆辙。这 27 项守则也是为此而设计的。

总之，使用正确的而非以理想世界为出发点

的地图，你将有更大的机会加入成功创业者之列。整体而言，这 27 项守则正是你所需的那张正确地图，帮助你免于脱离正轨，提醒你应该避开的岔路，并指出许多必须亲自走过几次才能发现的捷径。

别害怕自行创业，用对方法就能成功！

关键思维

我们没有制订这些规则——只是向各位报告我们对上千位创业者的观察结果和他们成功的经验。如果你要的是用来慰藉创业灵魂的励志语言，可以阅读其他相关方面的书。请别误会，我们对于励志和灵修没有任何偏见，只是我们相信，“感觉舒服”的建议无法真正帮助你在艰困无情的市场上做出一番成绩。

——斯宾塞　安尼科

一　你有创业家的特质吗

1. 要顺利开创事业，你需要有某种程度的偏执

成功的创业者担忧每件事，时时陷于惶惶不安之中。事实上，这些人忧心的是大部分人不会想到的细枝末节，例如：

◎ 产品和服务是否恰当。

◎ 市场的趋势是什么。

◎ 竞争者在做什么，该如何回应。

◎ 公司是否有足够资金追求成长。

◎ 投资人是否满意。

◎ 是否已经组成适当的管理团队。

◎ 公司面对的法律环境。

◎ 公司的全体员工以及所有人员所反映出的企业形象。

◎ 每位员工是否都有足够的能力。

创业者自认已经搞定这些问题的时候，才是真正应该开始担心的时候，因为这代表他会变得自满，进而成为其他人可以轻易打击的目标。

成功的创业者对任何一件事都总有操不完的心。

关键思维

外界对创业家最肯定的印象之一就是他们都是自己命运的主人。恰好和一般既有的印象相反，成功的创业家对于自我定位和事业都极端缺乏安全感。

——斯宾塞　安尼科

商业界只有两种伟大的动力：恐惧和热情。

到目前为止，恐惧是两者之中比较好的动力。

——安尼科

要做个成功的商人，你必须培养不安全感直到成为一种习惯。当你开始对事业及未来感到满足，自满就成为你必须战胜的习惯。

——斯宾塞　安尼科

2. 开创事业并追求成长，是世界上最孤独的工作，你必须心甘情愿接受这一点

创业的本质使其成为一项绝对孤独，有时甚至徒劳无功的任务。若资金有限，你就必须事必躬亲。但若有钱聘请员工，你的心态就必须从参与者转变成管理者，许多人都无法做到这一点。

你每天必须面对自己不会永无过失这个事实，如果你无法接受就别创业，替别人工作会是更好（且更快乐）的选择。

关键思维

创业生涯最严酷的现实之一，是创业者皆孤独。在新创的公司里，通常没有人能和你谈心，你无法从别人那里得到好点子。若有某项决策错误，没人可以做代罪羔羊，只能怪自己。

——斯宾塞　安尼科

3. 创业者都是乐观的，在失败中寻找机会

在任何创业情境中，你都无法确定所有的事，意外随时都会出现。创业者要学会随机应变，用改变来适应外在环境。

但除了适应力之外，创业者还要结合乐观与自信才能成功，他们还必须发挥一点点创造力，并以全然的恐惧鞭策自己。成功的创业家不会被困难打乱阵脚，他们接受困难，寻找方法把困难变成优势，并且不断提升、前进。

关键思维

创业家在公司成立的前两年，每年平均做出三四次以全公司为赌注的决定。

——大卫·查普曼，北点创业投资公司

4. 当困难出现时（事情总是如此），创业者绝对会冷酷无情地面对

冷酷无情的人，会采取下列自认为最好的做法：

◎ 不论其他人怎么想。

◎ 不管一般人采用什么方法。

◎ 丝毫不担心对其他人会有什么冲击。

“冷酷无情”是对创业者最崇高的赞美。这并不表示他不道德，反而表示创业者的择善固执。

冷酷无情的创业者具有下列特质：

◎ 开除表现差的员工绝不手软。

◎ 攻击竞争者的弱点绝不迟疑。

◎ 必要时，有办法让债权人愿意多宽限一点付款期限。

◎ 拒绝接受顾客的不合理要求。

总而言之，白手起家创业时，偶尔使出冷酷无情的手段，可保事业走得更长远。

关键思维

如果“冷酷无情”一词令你困扰或有违你的价值体系，你可以用其他较友善的字眼，如“无私奉献”、“目标导向”、“坚定”，或更流行的“专注”来代替。至于我们，我们喜欢“冷酷无情”这个词。

——斯宾塞　安尼科

二　适当时机的适当构想

1. 别忽略缺乏魅力的市场中稳当且有利可图的机会

在追求财富的过程中，有些创业家的眼光会超越现阶段的一般商机，专注在未来的特殊计划上。

商场上没有所谓“适合”个人教育背景的事业，你必须能预期哪些产品能够成功并赚钱，对你而言，这才是所谓“适合”的定义。

以每个人都能进行的事业致富，永远胜过耗尽一生等待“正确的机会”出现。

关键思维

每当我们听到创业家说“这是前所未有的”，我们会担心，有什么样的好理由才会让之前其他人都不去做这件事。

——斯宾塞　安尼科

2. 别浪费时间去开发对自己完全无益的构想

不论你的商业计划有多健全，如果你是没什么资历的创业新手，那就没有人会资助你几百万美元的启动资金。投资人支持那些能够展现过往实力的人——而不是自以为未来可成就一番大事业的人。

因此，在你为一项新商业构想投入多年光阴和数万美元准备金之前，先回答下列几个困难的问题：

◎ 实际上，在产品能够试卖前，需要多少

开发经费？

◎ 依据类似产品的创业经验，该计划能够承受多久的开发时间？

◎ 如果换做你是投资人，即使这些构想看似非常合理且可能有赚头，但你会资助一个跟自己一样的人吗？

一般来说，如果你能专注在以目前可取得的资源（或是有把握掌控的最少时间和金钱）就能做到的事，而不是耗费多年去发展一个需要庞大资金才能获得进展的计划，你的成就会更高。

关键思维

实现伟大构想所需要的钱，不会出自单纯而幼稚的小型投资人（即使你完全遵守证券法规）。实现伟大构想需要庞大的资金，只有最大和最有力的投资人才具备这种优势。问题是，这些业界大亨可能自己想要开发那个构想，（最多）只给你一小笔创意费以及史书上的一小行注脚。

——斯宾塞　安尼科

3. 根据常理，大多数一夕成功的事业背后都要花上多年的努力

坚持、运气并努力存活到大环境成熟，是现实世界中大多数成功故事的关键要素。

你在个人职业生涯所累积的经验、知识和人脉，迟早会成为你最大的利器。专心致力在一个构想上，直到它开花结果。加上结交能够为自己增加价值，但又能让你保持平衡的人，这样就能获得前进的动力。

关键思维

每项事业都有某些成功的基本关键。当你发

现这些关键通常是简单易懂的事情时，恐怕这已经耗去你好几年的时间。有时候要想“一夕成功”得花上好几十年的工夫。坚持下去，你的时代总会来临。

运气是事业成功的要素之一（我们不会否认这一点），但商场的变化如此快速，以至于只要你撑得够久，好运迟早会降临到你身上。

20 世纪 50 年代，“美国梦”代表拥有自己的家，外加车库里有一辆八汽缸、耗油、美国制造的大轿车。今天，“美国梦”代表拥有自己的事业。至少五分之一的美国人梦想创立自己的小事业，把一项爱好转变成印钞机，成立一家快速成长的新创公司，或只是单纯地不再为别人工作。你不相信？去任何一个社交聚会问问有没有人有新的事业构想，我们敢保证，几乎每个人都有一个已经考虑了一阵子的想法。

成功创业家的背景层面涵盖相当广泛，打破了大家心中对传统成功创业家的刻板印象。

——斯宾塞　安尼科

三　市场和竞争

1. 绝对不要尝试让市场配合你的事业计划

倾听市场的声音，了解市场需求并调整计划，这样你才能提供更多产品给市场。以回应市场需求为依据建立事业，永远会比试图“教育”市场接受你提供的产品更为成功。

通常你想卖到市场的东西和市场愿意花钱购买的东西是完全不相干的。聪明的创业者会找到方法结合二者，而不是一意孤行。徒劳无功地试图说服市场的做法是错的。

人们只会买他们想买且担心不买就会吃亏的东西，他们不会理性且有逻辑地行动——在日常生活中保持理性和逻辑很难。

下列几个错误是创业者最常犯的：

◎ 只因为自己会买就开发一项产品，自以为其他人的想法和自己一样。

◎ 开发亲朋好友喜欢的产品，事实上，他们很少有愿意正面批评你的，他们宁可说些你想听的话。

◎ 把营销测试的失败归咎于统计上的异常，觉得它是因为样品数过少而不具代表性。

关键思维

很多时候，想找出市场真正的目标消费者是困难的。人们不见得永远说实话。这或许是因为他们还没发现自己购买某项产品或服务的真正原因，也有可能因为他们喜欢你，只愿对你说他们认为你想听的话。市场是含糊不清的，有时候必须用诱骗的方式套出它的秘密。

——斯宾塞　安尼科

2. 在淘金浪潮中，最后通常是卖铲子的最赚钱

换句话说，那些提供大家都用得着的赚钱工具的人，通常比大多数顾客的获利要来得多。因此，你应该寻找一个让自己占据有利位置的机会。

要永远都能正确地预见下一波商业浪潮并非不可能的事，但确实相当困难，要牢记以下几点：

◎ 当你在正确的时间和地点具备了适当的才能时，生活将变得非常有趣。

◎ 任何产业绝大多数的财富，通常不是来自光彩夺目的目标，而是深入核心的工作。

◎ 保持足够的灵活度以应对市场变化，这永远是最理想的方法。

◎ 随着一种趋势的成熟，市场上将出现不同的需求。聪明的创业者会预期到这一点，并准备好存货，或是在市场改变方向和焦点时即刻退出市场。(预测市场和试图用一己之力影响市场是完全不同的做法。)

关键思维

在热门市场里，最有赚头的地方不见得是最让人兴奋或着迷的地方，你必须在赚钱和成名之间有所选择。

——斯宾塞　安尼科

3. 每一项事业都从一个伟大的点子开始，但并非每个点子都能成功

◎ 下列是要切中核心的关键问题：

人们为什么会购买这项产品或服务？

◎ 要着重避免的问题是：

人们为什么“应该”买这项产品或服务？

任何无法区别这两个问题的人，注定要浪费

大量的生命去追寻毫无结果的构想和计划。

很明显，创业者对他们的事业构想都充满热情。一次又一次，那份热情让他们不断向自己推销自己的构想，却从不担心市场能否跟上脚步。这是个大错误。

另一个创业者常犯的错误是，以亲朋好友（喜欢这个构想但没有钱投资）或其他人高度感兴趣的反应，作为市场研究的基础。他们应该针对那些能够用更理性公平的态度来看待产品的人。

关键思维

就连拥有伟大构想的创业家，偶尔都会被自己无法控制的问题打败。但如果你常常忽略某些问题，则更有可能碰到这类困难。

创业家通常是绝佳的业务人才——有时候甚至好到能推销自己。如果你真心相信自己能通过改变这个世界来配合自己的小构想，你将会得到一个悲惨的结局。

——斯宾塞　安尼科

四 人

1. 成功与失败的差别通常在于能不能将不重要的业务授权给其他人处理

在大部分公司里，只有三到五项活动是必须由创建者亲自执行的。找出这些活动，专心投入其中，然后把其他所有事情下放并交付其他人处理，事业才能成长。

假定每一件事都非常重要只会减缓公司的运作，并且严重限制创新和有趣方案的产生。付钱请人完成一些会分散自己注意力且阻碍生产效率的工作，是非常合理的。

2. 绝对不要混淆了伙伴关系和朋友关系

当商业利益与友情冲突时，该放下的永远是

友情，因为：

◎ 商业沟通生硬直接的本质，与朋友间相互沟通的方式对立。

◎ 商场经常需要冷静、超然的洞察力，与好友之间的温情交流正好相反。

◎ 在商场上，直率是令人高度赞赏的。在朋友之间，圆滑通常比较得体。

总之，聪明的策略是不要把两者混在一起。

与朋友和爱人一起闯事业时，最好把每件事都用白纸黑字写清楚，如同与完全陌生的人合作一般，好比罗伯特·弗洛斯特（编注：美国诗人）所写的“好篱笆制造好邻居”。大多数律师都会告诉你，好的法律合约创造良好的商业关系，甚至还可能拯救几份友情。

3. 绝对不要和自己不想与之为伍的人合伙做生意

创业者在公司草创初期会被迫牺牲许多事

情，包括家庭生活、个人精力以及其他利益上的牺牲。

但是在做任何牺牲之前，应当先调查那些你考虑作为合作对象的人的背景。如果他们不是你或你重要亲人所尊敬、欣赏和绝对信任之人的话，你会在事业尚未起步之前就面临彻底的失败。

关键思维

许多创业者对他们的生意伙伴视而不见，尤其当他们是朋友、大学室友或家庭成员时。有时候，创业者会自愿和某个他根本不认识或不怎么信任的人合作，认为“他不可能那么坏，退一万步说，即使他真的很坏，一起工作的过程也会改变他”。对那些与某个并不百分百适合自己的人结婚，而又相信自己能改变对方的人来说，其实悲剧就在他们眼前。至于信任……

你问自己“我是否能信任这个人?”需要花上一秒以上的时间才能回答“是”，那么你的答案应该是“不”。

——斯宾塞　安尼科

4. 绝对不找一个和自己特质完全相同的伙伴

有太多创业者试图独揽一切，但一家公司绝对不能缺少下列两种人：

◎ 专注于如何创造业绩和带来新生意的人。

◎ 辛苦应付所有的细节，确保每项承诺都能兑现的人。

这两组能力是互斥的，一人不能两组都兼备。因此，聪明的创业者要了解自己的天赋优势，然后寻找另一个互斥的、能够信任和共事的人，来提供另外一组必备的能力。

关键思维

社会心理学的一项基本规则是：我们倾向于被我们认为与自己相像的人所吸引。一般人真的很少能与和自己意见完全相左的人结为好友。在商场上你必须抗拒这种倾向。最糟糕的事情莫过于和亲近的好友共同创业，只因为这个人是自己的好友。

——斯宾塞　安尼科

5. 有大公司的工作经验不一定就能成为成功的创业家

在大企业工作的经验不一定能让所有人有能力面对创业生涯严酷的现实，这与新创公司过一天算一天维持生计的方式和凡事自己来的心态是完全不同的。

大企业经验可能非常有用，然而如果只因为你曾经成功带领过大公司旗下的一个部门，就自以为你经营一家较小的公司也会轻而易举，那将是相当危险的事情。

6. **要小心提防事业伙伴有隐藏的意图**

大多数创业者满怀的热忱会扭曲他判断他人动机的能力，也会让他不自主地掩饰自己的缺点。

当下列情况发生时，你就该知道，谨慎思考所有事情的时间到了：

◎ 你想要提供重要股份给某个仅认识几天（或几小时）的人。

◎ 某人开出好得令人难以相信的条件，希望成为你的伙伴。

◎ 你害怕和伙伴讨论他们的不良行为，因为你不想冒犯他们。

◎ 你与生意伙伴的事业及个人生活过度纠结，以致无法将两者厘清。

奇怪的是，如果你对伙伴的动机保持适度的怀疑直到事情有所进展，你就会发现，这样反而比全盘接受事情的表象要来得更好更顺利。

开创新事业最困难的挑战之一，就是在考虑问题时分清情感和逻辑。与创业伙伴合作时做到这一点，比任何事情都来得重要。

五　我要钱

1. 如果对自己的产品或服务没有热情，就不要创业

要成功，你必须脱颖而出。换句话说，大胆无惧和冷酷坚决，比羞怯和谦逊更有机会成功。你不能让潜在顾客或投资人还没见识到你三寸不烂之舌的威力之前，就弃你而去。

如果创业者无法直视投资人的双眼，并以全部的信念和真诚告诉投资人这个计划会成功，那么这个计划就注定要泡汤了。同样在业务计划上也必须表现出100％的信念，这样才能获得成功。

在创业过程中，所有的恩宠都集中在最积极

进取的人身上，这些人的销售行为通常游走在乐观营销和全然欺骗的道德夹缝之中。

关键思维

有时过度承诺是在严苛市场上创业的唯一手段，但你迟早都必须兑现那些承诺。欺骗得来的钱通常只是短期的借款，公司成长所需的长期财务保障，是顾客、投资人和员工等利害关系人。

——斯宾塞　安尼科

2. 别因为某个投资人看起来不符合期望，就断然拒绝他

有时候，供应商、顾客甚至竞争者都会有兴趣投资，不要立刻回绝这些人，给自己审慎考虑的机会。

你或许已经属意完全从另一个来源取得资金，但如果眼前就有可得的资金，就必须有非常可靠的理由才能拒绝。

别忘记，投资协议中可以选择保留与他方签订适当商业协议的自由。

关键思维

在实际操作过程中，你带进公司的每个投资人，都应该被视为事业上的伙伴。银行的做法与创投基金公司大不相同，创投公司也和“天使”或有钱的个人投资者不一样，因此确保自己了解不同资金的特征，同时能够依此评估潜在事业伙伴的性格，这是非常重要的。

——斯宾塞　安尼科

3. 当你只有一个投资人时，就很难增加自己的筹码

因此，不论你卖的是什么，实现真正市场价值的机会，有赖于能否成功引起至少两个独立单位的兴趣。你会发现，当大家知道有人正在寻求相同的商机时，他们决定加入的行动速度之快令人惊讶。

在实际操作上，这表示你必须抗拒急于接受第一个潜在投资人的冲动——一点点制衡是必要的。当然，你不该用不道德的方式来对待潜在投资人，更不该靠捏造的竞争者来提高价格，因为这种做法也会反过来伤害自己。如果投资机会被过度推销，某些潜在投资人也会拒绝出价。

含蓄一点，通知潜在投资人他的价格表必须在某个时间之前准备好，否则就会失去资格。这么做就传达出其他公司也在寻求同样机会的信息，因此他应该尽量提高竞争力。

关键思维

有些创业者与现有投资人培养出一种和谐且令人满意的关系，因此当公司需要更多资金时，创业者觉得背叛初期投资人是不道德的。但事实上，许多初期投资人并无法在财务或其他方面帮助一家公司成长至能够发行 IPO 或出售给大型企业的程度。成功地谈成第二、第三和第四轮的增资，让公司上市，并让投资人实现一大笔投资获利，这绝不是背叛他们。

——斯宾塞　安尼科

4. 潜在投资人拒绝你时，要问清原因。每次询问都能让你获益良多

创业者需要一张非常厚的脸皮。某人拒绝你时，别把这当成对你个人事业的最后宣判。要学点东西，问他们为什么拒绝你的提议。他们对你说的话或许是下一次成功的关键。

此外，请教他们是否愿意介绍某个可能有兴趣的人，投资人通常会有准备，万一这笔生意没谈成，大家还是可以互相推荐其他生意机会。

当然，一连串明显的拒绝，就应该是不能忽

略的线索。但这还不算世界末日，只是提醒你应该重整计划或改善提报方式，并且在下一次尝试不同的做法。

如果你坚信自己的计划，少数几次拒绝应该能让你的腰杆挺得更直，而不会击垮你的斗志。

关键思维

被拒绝对创业者犹如家常便饭。有鉴于此，最好能从中学习并让自己更坚强，否则你会被无情的打击所湮没。

——斯宾塞　安尼科

六　商场上的法律事务

1. 一旦闹上法庭必定两败俱伤

因此，避免诉讼要像躲避瘟疫一样。每当自己有打官司的冲动，或某人威胁要控告你，就问自己一个简单的问题：你真的那么喜欢你的律师，愿意供养他的小孩念完大学吗？如果不是，在法律程序开始前寻求一个双方都能接受的和解方案。

永远专注于商业解决方案而非法律解决方案。如果你当真觉得有必要聘请一位律师，就要借助他的专长避免未来的法律问题。

关键思维

每当坏事降临到你的公司，在打电话给律师之前，先从 1 数到 100，甚至数到 10 万。仔细权衡正反双方的处境并寻求商业的解决方式。若是没有其他选择，就忍下这口气继续前进。

——斯宾塞　安尼科

2. 大部分情况下，书面合同和人们真正的行为是两码事

事实上，把合同当成一张法院的入场券即可，合同只有助于厘清模糊地带，但无助于执行任何有意义的事。

良好的商业关系从不会建立在书面合同上，唯有大家齐心协力追求共同的目标才能实现。因此，你应该少花时间考虑书面的承诺，多花点时间去担心如何创造双赢的商业结果。

不论用什么方式，要举证任何违约都是出了

名的困难。即使违约事实非常明显，就算你能清除那些障碍，只要对方执意坚持且精明狡猾，最后还不见得拿得到赔款。就算拿到了，恐怕也不足以支付律师费用。

与其试图执行合同，不如更努力地讨好伙伴。在事情还未爆发之前随时调整事态。长期下来你会发现，这比抓人上法庭要更有生产效率。

关键思维

人们努力达成协议而不是诉讼。如果可能，人们会愿意遵守他们签字的协议。但如果对方无法在协议中看到足够的好处，身为一家成长公司的创业者，也不应该天真地以为单凭一张纸就能规范他们的行动。在商业交易中，正直和道德标准与任何协议条款相比，都是更好的约束因素。要确定与你签约的人也有同样的感受，因为如果双方不是百分百诚心希望建立关系，是没有任何书面契约能让彼此结合的。违约行为是商业活动的一部分。

——斯宾塞　安尼科

3. 签署任何文件前务必仔细了解内容

就算你认为会因此丢了这个合约，也不要签署任何自己不满意的文件。唯一能分辨自己满不满意的方法，就是任何文件都要逐字逐句详读，直到你完全了解内容。

一旦签署了某样文件（即使是没有约束力的文件），你的谈判筹码都会大幅且永久性地减少。因此，尽量不要签署任何文件。

商业协议的“杂项”部分中看似无害的小条款，可能让你支出数千美元的额外成本，并陷入无穷的纠纷之中。

即使你不指望别人会遵守对他们无利的协议条款，也不表示你也有权利和自由这么做。你很有可能遇到某个够疯狂的人，对你提出一个日后导致双方破产的诉讼。别给对方不必要的口实。

绝不在不清楚或匆忙的状态下签署任何文件，质疑每一件事，不要冒任何风险。

关键思维

奇怪的是，许多创业者会签署一些他们根本不该签的文件。尤其是对经验不足的创业者来说，经过一串冗长的谈判后，英雄式地签下名后进入下个环节，有时是难以抗拒的诱惑。

——斯宾塞　安尼科

4. 早晚你会发现，保存完整的公司记录会救你的财务一命

任何严谨的投资人，都会进行一个三阶段的严格审核程序：

◎ 会计师核对过的财务报表是否可靠。

◎ 公司的运营状况是否与商业计划相符。

◎ 如果投资的话，可能出现哪些法律风险和责任。

几乎没有例外的，创业者都忽略了保存如董事会会议等重要事件的记录，或因为公司已经成立两三年都没有碰上官司，就以为一切都没问题。

通常，这种类型的创业者会有下列这些问题：

◎ 记不清楚谁握有公司多少股份，或谁曾经承诺过什么。

◎ 忽略与员工或承包商签订工作协议的必要性。

◎ 想不起来用谁的名字申请了专利。

◎ 记不清是否与某个政府单位接触过。

◎ 从来没有提出过年度报告或任何类似的东西。

缺少这些细节当中的任何一项，都可能迅速地扼杀一项潜在的投资案。有什么解决方法？现在花一点时间和精力替未来做准备：和一位律师建立长期的关系，让他帮你保存完整且最新的记录，并且遵守所有的法律规定。

这种方式至少能让你在潜在投资人出现时，不会“自毁长城”。

七　退出——继续前进

1. 绝对不能失去客观理性，毕竟这只是自己所建立的一项生意而已

当人试图用感性的措辞来解释某项商业决定时，他的立场一定在左右摇摆。这显示他的思考过程（良好决策的出处）受到非相关因素干扰，开始变得混乱。

虽然热情是基本的元素，但对事业太过投入却没有必要。到最后，公司并不知道是谁拥有了它，就算被卖掉，它也不会感到难过。公司只是用来达到目标的手段，如此而已。

如果把公司事业当成家庭成员之一（好像自己的“小孩”），那么你将永远无法在适当的时间，用好的价格把公司卖给正确的投资人。

关键思维

情感和事业最好不要混在一起。但讽刺的是，最好的创业者都是感性的人。创业者必须热情地投入事业，但也必须保持冷静、悲观且冷酷无情的心态。这需要某种程度上的客观和距离。

——斯宾塞　安尼科

2. 确保创业的报酬与担负的风险相当

归根结底，创业是一项高风险的活动，原因如下：

◎ 存款和资本会被吃光。

◎ 可能波及祖产。

◎ 会动用退休储蓄。

◎ 亲朋好友投资的钱可能会血本无归。

◎ 信用卡的额度会被用光。

◎ 会减少和亲密家人相处的时间。

◎ 婚姻关系可能会受损甚至失败。

◎ 会有好多年无法休假。

◎ 个人收入水准可能非常低。

◎ 破产的阴影扩大。

如果你将经历这一切，最好确保在这段探索过程的最后，自己还有些好处可拿。否则，你最好还是认命当个朝九晚五的上班族。

关键思维

虽然拥有自己事业的浪漫情怀非常吸引人，却无法让你维持生计。我们总是惊讶有这么多创业者耗费多年的生命，每周工作 80 个小时以上，年薪却不到 3 万美元（税前）。如果单就财务上来说，这些人就算去当地的汉堡店担任经理赚得都比这多。请不要误解我们的意思，我们并不是说拥有自己事业的唯一报酬就是金钱。我们只是建议，你从自己的事业所获得的报酬，不论是什么都要和自己的付出相称。我们可以想出许多能够赚取 3 万美元年薪的方式，每种都比在艰困的市场上经营一家高风险的公司更轻松。

——斯宾塞　安尼科

3. 绝对不因为自己还没准备好而放弃机会

有好机会可以出售公司或有新投资人出现时，要好好把握良机，即使此时你仍觉得自己还没准备好。因为你无法确定类似的机会是否还会再度上门。

事实上，只有在下列两种情况下，你才可以决定把公司卖出去：

◎ 当自己准备好时。

◎ 当投资人准备好时。

主动接触投资人或公司买主，就比较有可能让他们付出最高价码收购符合他们目前标准的公司；反之，如果你迫使他们非等到你准备好不可，那么谈判的优势就转到了他们手中，而你会被迫接受他们提出的条件。

明确地说，如果你要让投资人等到你一切就绪，最后可能会发现投资人有了以下变化：

◎ 改变先后顺序。

◎ 发现其他机会。

◎ 已经分配好所有可用的资金。

因此，每当你准备出售公司或不在你名单上的投资人出现时，督促自己去抓住这个机遇来发挥你的优势。趁着真正实现某些理想的合理机会就在眼前时，拿出你最好的表现。

创业基本功

Common Sense Business：

Starting，Operating and Growing Your

Small Business—In Any Economy!

原著作者简介

史蒂夫·哥特里(Steve Gottry)，是多媒体集团有限公司的所有人。多媒体集团是电影、影带、书籍和营销等产业的内容制作公司。哥特里曾在1970年创办广告公司，年营业额曾高达数百万美元，并且多次获得全美各大创意奖项，然而最后还是以倒闭清算收场。哥特里目前在亚利桑那州凤凰城的大峡谷大学担任驻校作家，并且与肯恩·布兰查合著了《高效经理人》，并与琳达·鲍尔合著了《职涯当头棒》等书。

本文编译：洪瑞璘

主要内容

要点整理 | 小型企业 / 173

5分钟摘要 | 经营小型企业的4项建议 / 175

轻松读大师 | 一　生命周期 / 178

二　另一种结果 / 194

三　建立资源 / 201

四　战胜天敌 / 212

要点整理

小型企业

小型企业能够为经济带来革新、科技进步以及就业机会。美国受雇于小型企业的员工占全美非农业劳动人口的53%。在美国，一般会把员工人数低于500人的企业称为小型企业。美国小型企业管理处对小型企业的定义，则依产业类别区分。例如，制造业的员工人数必须在500人以下、零售业或服务业的年营业额必须在600万美元以下等。

事实上，网络创业兴起后，微型创业作为创业模式已经有凌驾于小型企业之上的趋势。甚至在许多发展中国家，员工人数在5名或5名以下的微型企业，比小型企业更能发挥带动经济和就业的作用。在孟加拉，营业额达3.5亿美元的虾出口行业中，有90%以上的企业是微型企业。而在拉丁美洲，微型企业雇用的员工更占了非农业劳动力的50%。

资金需求

和大型企业相比，小型企业由于规模、运营模式、财会制度以及信息透明度等较不健全，投资风险相对较高，使得小型企业不易取得资金进行创新。美国为了扶持小型企业的发展，在1958年制定了《小型企业投资法案》，鼓励民间成立小型企业投资公司，为小型企业开辟资金来源。1982年通过了《小型企业创新发展法案》之后，联邦政府也开始针对开发创新技术的小型企业进行实质性补助。

5分钟摘要

经营小型企业的4项建议

从经营小型企业失败教训中所学到的经验，永远都会比成功经营的经历提供的经验更多。不过，如果你够聪明的话，就可以从别人的成功和失败中得到教训，而不必把自己弄得遍体鳞伤！

如果你希望投入创业行列开创自己的小型企业并能够做出明智的经营决策，请务必把以下4项重要建议放在心上：

（1）随时掌握自己处在小型企业生命周期中的哪个阶段，并据此调整所有的应对策略。

（2）别忘了，凡事必定存在另一种结果，那是你无论如何都不想落入的境地。

（3）尽快建立可用资产是稳固事业的基础。

（4）为了持续成功，你必须战胜自己的

天敌。

关键思维

我相信，一个人只要曾经尝试过自己经营小公司，感受过那种独立自主、自由挥洒的空间和成就感之后，就绝对无法再满足于只为他人做嫁衣。除了“死亡和税金”，生命中还有些事情是可以确定的，例如经营一家小型企业过程中必定会有的冒险刺激——因为前路永远会出现各种意料之外的状况。这真的很刺激，同时它也是吸引我想要当个创业家的原因之一。此外你也可以确定，经济形势一定会出现繁荣和衰退，而且每个企业多少都会受到不断变化的经济环境影响。在商场上打滚，必须不断适应变化、调整对策，甚至必须重新思考或重新定义你的创业美梦。我敢保证，真正的创业家绝对不可能满足于只做个听差办事的人。我们一定会为自己找到一条创业活路，为自己创造黄金机会。我们会保持积极的态度、充满希望、精力充沛；我们会热切盼望明天；我们会充分运用自己的常识，以追求事业成功，并且造福员工、供应商和顾客，改善大家的生活！

——史蒂夫·哥特里

一　生命周期

随时掌握自己处在小型企业生命周期的哪个阶段，并据此调整所有的应对策略。

小型企业现今所处的经济环境充满挑战。幸好，只要把一些浅显的道理全面应用在事业的运营上，就能够经营成功。累积实力并锁定目标，就能够披荆斩棘，不断前进。要记住，万丈高楼平地起，成功绝对不是梦想。

小型企业生命周期的 6 大阶段：

1. 梦想

任何一家卓越的企业，都是从某人心中的梦想开始的。经营良好的企业能够用合理的价格，提供给消费者卓越的产品或服务，所以在任何经济形势下都会有立足之地。小型企业制造了就业

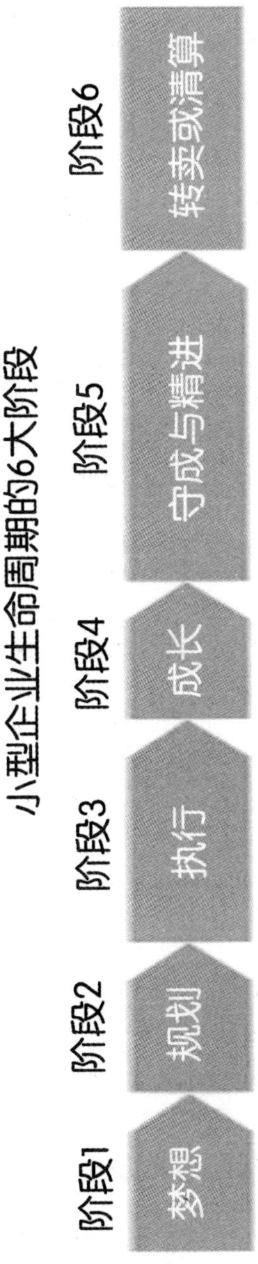
小型企业生命周期的6大阶段
阶段1
梦想
阶段2
规划
阶段3
执行
阶段4
成长
阶段5
守成与精进
阶段6
转卖或清算

机会，也支撑起了整个经济。

在梦想的阶段，你应该做到下列几件事：

（1）寻求指导和建议——请教一些在你想进入的产业中有丰富经验的老手。

（2）遵守“FANAFI”原则——也就是说要找出需求并满足需求（Find need and fill it.）。能够长期居于领先地位的企业，会清楚地看出消费者的需求，然后提供设计完善的产品或优质的服务，尽力满足消费者的需求。

（3）要有竞争对手也会看到相同商机的心理准备——而且他们会用跟你不相上下的产品和你竞争。所以应当尽可能用各种合理的方法保护自己的知识产权，不过就算有竞争对手在模仿你的产品或服务也不必过虑，因为现今的每个市场上几乎都会出现这样的情形。

（4）识时务——科技的发展一日千里，你必须正视这个事实。在今天看来是石破天惊的点子，只要有下一代产品问世，就可能变成明日黄花。重点是要追求成功，而不是死守某种特定科技。

2. **规划**

实际上，要规划自己的事业，你必须考虑到下列8个方面：

（1）创业时机——如果你确信找到的商机是自己能力所及的，又有获利空间，而且你也有信心从自己的兴趣、专长和能力等各项优点来看，你正好是满足市场的最佳人选，那么此时就是最理想的创业时机。

（2）创业地点——选定的地点最好能够符合物流或营销的需求。

（3）企业名称——这是个必须仔细推敲的问题。印制专用信纸和名片等物品所费不赀，所以企业的名称必须要能长久沿用，最好是简短、好记又能够让人一目了然。

（4）企业定位——也就是你能够让自己与众不同的做法。要让企业有突出的表现，你必须发展出独特的卖点和经营宗旨。

（5）评估以及满足资金需求的方法——因为新创事业一定会有各种意料之外的隐藏成本。大部分创业者的实际支出会比预算多出30％到50％。如果这种状况真发生了你要怎么应对？最起码你必须估算出来，到底要用什么价位卖掉多少产品，才能损益两平。如果这一点还弄不清楚，你和潜在投资者之间就很难进行实质性的对话。

（6）企业的资本结构——你可以采取独资、合伙、有限责任公司或股份有限公司的形态。每种形态都各有优缺点，你必须选择对自己最有利，同时又能够提供足够资金的一种。

（7）员工人数和职能——这是个必须好好研究的问题，因为许多小型企业都有员工人数不足或是过多的问题。你应该根据财务预算表来推算出预计要雇用的员工人数，还要确定这样的人数可以创造足够的营收。此外，你也要一并评估是不是能够把部分业务外包给其他公司，或是雇用按件计酬的外聘人员。

(8) 要求员工遵循的企业政策——也就是说，你是不是已经制定好公司政策，并且把政策列入员工的工作手册之中？这是员工管理的基本框架。少了这个框架，经营管理就会潜伏一些问题。

彻底考虑过这些方面之后，你的事业计划才算有了初步的轮廓。

3. 执行

这个阶段是你要接受严苛考验的时候。你要真正开始执行自己先前规划的每一个细节。你这时候的目标是要确保自己能够在适当时机，正确拼凑出创业蓝图上的每一片拼图。这件事听起来好像很容易，但其实很难做到，因为你会漏掉好几片拼图，甚至有可能连自己需要几片拼图都不知道。

在这个阶段最理想的做法是聘请优点和能力能够与你互补的员工。实际上，你很可能根本就没有足够的资金来聘请这样的人，所以你可以依照下列几种做法来弥补这个缺憾：

（1）先利用内部资源——跟所有员工一起讨论，找出最好的点子和建议。你也许可以设立“本月最佳点子俱乐部”，把大家集合在一起共同讨论，想出能够提升企业的新点子。你如果能够用物质奖励来奖赏有效的点子，这类的讨论团体必定会更加活跃，提出更多更好的点子。

（2）设法通过最好的外部资源取得协助和信息——通常只要花很少成本，甚至不必花任何成本就能够获得这些资源。你可以尝试利用下列几个渠道：

◎ 书籍，尤其是曾经和你面临同样挑战的作者写的书。

◎ 可以让你知道近期内可能会发生哪些事情的杂志。

◎ 信誉卓著且值得信赖的网站。

◎ 由具备专业知识的组织制作的教育培训视频。

◎ 能够在公司附近的商店或是网站上买到的套装软件。

◎ 在你公司所在城市举办的研讨会。

◎ 定期提供大量免费实用信息的商业协会，尤其是那些和你想进入的产业相关的商业协会。

◎ 能够把有用经验传授给你的顾问，而且这些经验来自过去有类似状况的公司。

◎ 同行以及你正式或非正式的支持网络。

（3）组成自己的智囊团——从那些能够通过你的成功而获得实际利益的人当中，选出一部分来组成智囊团。每季定期举办早餐会，邀请这些专业的顾问讨论公司近况，并且征求顾问们的建议。当然，这些建议可能会彼此矛盾冲突，你必须再自行从中筛选出适用的点子，不过这些有经验的顾问们还是能够让你学到许多实战经验和秘诀。

4. 成长

成长对任何一家小型企业来说都是好事。成长的确很好，不过有些挑战也会伴随着成长而来。重点在于你不应该为了成长而成长。你应该以优惠的价格提供优质服务，通过给顾客提供优良的产品和准时的交货方式来追求成长。如果你为了追求成长而牺牲了自己在任何上述这些领域应有的表现，那么问题马上就会出现。

竞争是追求成长过程中一定要面对的现实。你想要占有的市场别人当然也会垂涎。要接受这个现实，并且做好提升自己营销技巧的准备，如此才能达到你想要获得的成长目标。通常这表示你必须举办一些比较没有经验的营销活动。想要达成你追求的成长目标，可以考虑使用下列8项常用的营销工具：

（1）媒体广告——广播、电视、报纸和杂志广告、黄页电话簿、广告看板等。

（2）网络营销——开设网站，并且寄发包含促销信息的电子邮件给你的潜在顾客。

（3）直销——针对特定顾客寄发优惠方案，也可以利用邮购目录或电话直销。

（4）特惠方案或赠品——提供优惠券或其他特价品与促销品。

（5）有奖活动或促销——吸引更多人到你的实体店逛逛。

（6）吸引人的购买点促销——可以利用各种活泼的展示品或小饰品，向顾客宣传当周的特惠活动。

（7）公关活动——所有可以让别人知道你公司目前动态的活动。

（8）顾客服务——确保顾客和公司的每次接触都留下良好印象。

千万要记得，如果你的接单能力不足，就算争取到再多订单也无济于事，所以你必须好好地判断自己能够消化多少订单。为了明显提升销售业绩，你可能必须投入资源购置更稳固的基础设施。如果遇到经济衰退，你就会面临一大堆头痛的问题，比如通过裁员和调整业务规模来适应经济形势的变化等。

除了追求业绩之外，你也可以考虑其他能够让公司成长的做法。你可以利用下列任何一项策略来追求公司的成长：

◎ 和另外一个企业体合并。

◎ 取得别家公司的资产和顾客。

◎ 增加新的运营据点。

◎ 把你的运营模式授权给其他公司。

◎ 扩充公司新产品和服务的项目。

◎ 开拓全新的水平或垂直市场。

◎ 引进新的投资者或其他资金来源。

就像前面说过的，成长有时是双刃剑，有利也有弊。如果能够取得适当的平衡，让自己的小公司获得稳定的成长，是再理想不过的了。成长太快听起来是个甜蜜的负担，但负担毕竟还是负担。如果你希望公司能够继续成长，就必须找出减轻负担的办法。

5. 守成与精进

小公司经营有成后，常常会停下发展的脚步，变得保守，并且花较多的心力在保护现有的成就上。这么做非常危险，因为市场和竞争对手永远不会停滞不前。事实上，你如果不持续自我激励并保持进步的话，就会逐渐落后于那些积极进取的竞争对手。

为了避免自己陷入上述窘境，你必须从下列几个方面自我审视：

（1）公司的产品或服务是不是仍然符合顾客的需求——还是无法跳出窠臼，只知道沿用过去的做法？

（2）公司是不是愿意进化成符合时势的新形态——也就是说，公司是不是愿意采用刚问世的新技术？所有的产业都会进化，顾客的喜好也会改变。如果你只想继续提供过去受欢迎的产品或服务，那些比你更能跟上潮流的竞争对手一定会窃喜不已并趁虚而入。和顾客一起变化，公司才会日新月异。应当把变化当成进步的动力。

（3）公司的作为是不是仍然符合 FANAFI 原则——公司是不是仍然在寻找顾客真正的需求，并且设法满足这些需求？

为了避免自己的公司裹足不前，许多小公司会组成专门的委员会，随时留意产业和消费者的最新动态以及新科技的发展。这个委员会的工作就是要在市场即将发生变化的时候提醒大家，让大家保持警觉。

6. 转卖或清算

总有一天你会不想再继续经营，想要把公司变现或者转到其他你有兴趣的领域发展。在这种时候，你可以采用下列7种做法：

（1）结束你的事业——卖掉资产，结清税款，然后落袋为安。有时候这是最简单也是最好的办法。

（2）宣告破产——然后让法院帮你处理所有结束营业的事宜。这种做法会导致一些比较严重的后果，不过也算是一种选择。

（3）把你的公司全盘转手给别人经营——这表示不管新的业主要怎么处理你的运营资产和现有顾客群，你完全不能插手。

（4）把公司卖给合伙人或重要员工——这表

示你把自己的事业交给你认识而且信赖的人。

（5）让公司上市——然后把带领公司向前迈进的工作交给专业经理人来做。

（6）把公司交给子女或其他继承人——由接棒人开始接手公司的决策和运营。

（7）制订正式的员工持股计划——让员工逐渐买下你的股份，让公司最后完全由员工持有并经营。

选择哪一种做法完全要看你的个人喜好，每种做法都各有优缺点。你同时还必须把税务和其他相关问题一并纳入考量。重点是，最好在你还有选择余地的时候就事先规划好整个流程，这样到时候才不会被逼得只能屈就某一种做法。

关键思维

所有梦想都必须以现实为基础。我认为你必须对自己想要投入的产业有高度的兴趣，必须接受和这个领域相关的培训，还必须吸收相关的专业知识。要实现梦想，就要下功夫研究。你必须了解自己是不是有成功的机会。新的顾客需求、新的科技和新一代的消费者，都能够带来许多新的商机。企业要成功，必须要在市场具有一定规模的条件下，满足顾客的真正需求，而且还必须管理规范。

——史蒂夫·哥特里

二　另一种结果

别忘了，凡事必定存在另一种结果，那是你无论如何都不想落入的境地。

商场上不可能事事按照你的计划发展。即使你不愿意，总有一天还是可能会被迫缩编裁员。只要认识到这种可能性的存在，应该就足以让你自我激励了。你会很惊讶地发现，许多成功的小公司都是经历了第一次创业失败或破产之后再度出发，才能够有今天的局面。一次的失败，不见得就表示前途就此无“亮”!

如果你在创业的过程中遇到了特别难以突破的困境时，应该依照下列7个步骤去克服困难：

（1）承认自己的确遇到困难——不要有鸵鸟心态，或者希望船到桥头自然直。坦然面对不愉快的现实，然后在自己还有选择余地的时候，设法运用手边的资源解决问题。

（2）做必要的人事缩减——尽快把坏消息通知员工，不要拖拖拉拉。裁员的动作必须果断，这种迟早要发生的事拖得越久对大家越不好。更何况，员工早在你决定解雇他们之前，就会嗅出一些端倪。一次就把所有必要的人事裁减做完，要比分批进行多次小幅裁员好得多，这样才不会让每个员工都一直忐忑不安。

（3）针对自己还没清偿的债务，和债权人重新协商——拟订出你能够落实、对方也可以接受的还款计划。大部分债权人会宁愿自己每个星期能够拿回来一小笔金额，也不会想逼你破产。所以要坦然地面对债权人，看看能找出什么解决债务的办法。

（4）卖掉你个人所有奢侈的享乐品和不实用的设备——想办法出售这些物品，然后把出售所得拿去还债。你不必连有用的东西都变卖，不过你必须展现出自己愿意尽全力解决债务的决心。

（5）寻求有用的建议——请教有过类似经验的专家，因为这些专家不会像你一样牵扯到那么多的个人情感，他们能够从第三者的角度提供给你冷静客观的建议。你会很惊讶地发现，竟然有这么多人经历过类似的困境，因此他们能够为你提供一些非常有价值的建议。要好好利用这些信息来源。

（6）把重点放在你已经受到肯定的专长和过去的成就上——看看自己是不是可以在过去成功的基础上再次出发。不要以为自己一定得从完全陌生又不那么专业的领域重新来过。相反，你应该找出新的方法，善加利用自己原本就已经相当熟悉而且擅长的部分。

（7）拟订可行的重建计划——把你的计划具体写下来并且确实执行。就算是再简单不过的计划，也能收到奇效。诚实评估自己目前的状况以及能让公司在未来可以进展顺利的方法。致力做好几件最重要的事情以改善现状，并且让公司持续发展。这几件重要的事情往往是专心做好销售、找出有效的方法削减开支和重整运营模式等。你也可以在计划中写明自己未来应该怎么做才能避免重蹈覆辙。

不知道你有没有发现，许多成功的企业家和小型企业主第一次创业都以失败收场。这些企业主往往要经过第二次创业才会认真地思考怎么妥善经营一家公司。反过来说，如果你第一次创设小公司就能够成功，而且正在考虑卖掉公司然后用这笔资金去开创更远大的事业时，你的创业规划和第一次创业时也会有些不同。

如果有一天，你面对“是不是要再度创业”的抉择，你应该做到下面几件事：

（1）反复思索自己必须要做哪些改变——而

且必须吹毛求疵地注意大小细节。如果你能抛开所有杂务，专心做好自己必须改进的事情，你就能够经营得不错。例如，与其满脑子想着要享受高级奢侈品，倒不如盯紧自己的应收账款。

（2）应用你从错误中学来的经验——也就是说你必须找到实用的方法，让自己做事的方法更精明、为顾客提供更好的服务、提出更有竞争力的价格、聘请到优秀的员工、控制好公司的支出、把握好市场的方向等。就是因为过去的错误，才造成你今日的处境。好好应用这些用血泪换来的教训。

（3）用一些和以前完全不同的方法去闯一闯——因为你上次的做法并不成功，所以不要重蹈覆辙。试着利用一些新点子，看看自己可以做出什么成就。

（4）这一次要更精明地运用自己的获利——抵制诱惑，不要买那些对你事业毫无帮助的炫丽奢侈品，把赚来的钱投资在可以增加获利的事物上。

（5）找出上次创业缺乏哪些关键技术——然后拟订计划来弥补这些缺失。实际上，弥补缺失就是要你去吸收自己所缺乏的技能或知识，或是聘请具备这些技能的人才。最起码，你必须找来几个优秀的顾问，让他们提供一些值得你信赖的建议。

（6）做重大决策时一定要果断——该下决定就不要迟疑。如果你打算招揽某个人，动作就要快。如果你打算除掉组织里某个不事生产的家伙，今天就动手。先做好重大的决策，然后心无旁骛地迈步向前。

（7）努力打造出优秀团队——因为你会了解到，自己一个人是没有办法做到面面俱到的。要把小公司经营成功并且让企业成长，一定要有优秀的团队才能实现。你要尽你所能让大家觉得你的公司是值得全心投入的地方，然后吸引适当的人才加入你们的行列。

关键思维

如果你已经经历过，或者即将陷入破产的窘境，你必须立刻朝事业的下个阶段迈进。不要钻牛角尖，也不要认为自己已经一败涂地。你一定会有其他成功的机会。哈兰德·桑德斯上校打算创办肯德基的时候，已经 60 多岁了。重新创业永远不晚！

——史蒂夫·哥特里

三　建立资源

尽快建立可用资产是稳固事业的基础。

不论你是首次创业或二度创业，成功经营小型企业的关键是，要找到能够有效增加资产的方法。这些资产可以分为下列 6 大类：

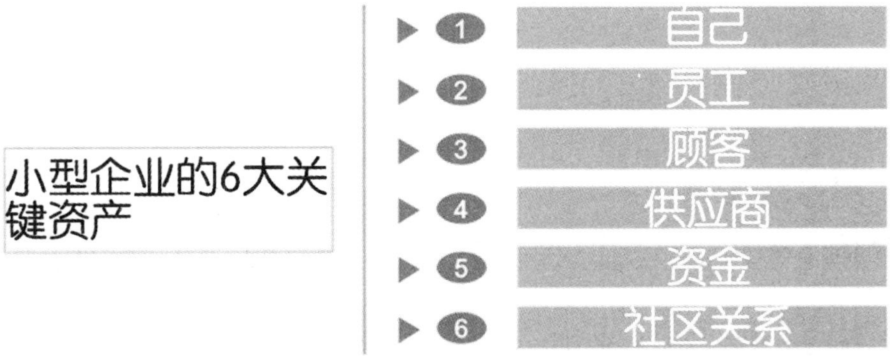

1. 自己

对所有小公司来说，身为企业创办人和领头人的你就是公司最重要的单一资产。毕竟是因为你个人的因素而创设了这家公司。你能够为公司带来下列好处：

◎ 想要服务顾客和成就一番事业的热情。

◎ 能够为公司其他人树立楷模的态度。

◎ 对产业的了解。

◎ 技能和专业知识。

◎ 离开安稳的上班族生涯，勇于创业的勇气。

◎ 过去累积的成功与失败的教训。

◎ 对这份事业的目标和野心。

◎ 独到的商业伦理和服务顾客的态度。

重点是，这些要素对你的小公司来说都十分有价值，也十分重要。明白这一点之后，你必须建构出强有力的支持系统，你可以定期地为生命中的这些要素灌注能量。这个支持系统可能要靠下列 5 种力量支撑：

（1）家人——不管你的事业顺不顺利，家人都会提供给你平静安稳的港湾。

（2）朋友——让你可以尽情享乐，释放压力。

（3）气味相投的小团体——让你可以接触一些背景和兴趣类似的人。

（4）专业组织和行业协会——可以让你和同业者互相交流并且讨论一些和产业相关的话题。

（5）自己选择加入的宗教团体——可以让你在各种广泛的生命议题上获得启发、忠告和指引。

2. 员工

除非你打算把公司所有的业务都外包给独立的承包商，否则员工一定是你经营企业必需的元素。员工是所有事业的命脉，因为公司必须靠员工来创造价值。卓越的员工是公司的关键资产。同样，能力不佳的员工就会是公司的负担。

为了提高你聘请到有潜力成为卓越员工人员的概率，你必须做到下面几件事：

（1）制订能有效筛选人才的流程——让你从一开始就能够找到优质的员工。筛选新进人员的时候，到底该用什么方法从众多的人选中找到你需要的人才，完全看你的意愿。你可以看看这些应征者是不是同时具备下列几项条件：

◎ 公司运营所需的技能。

◎ 学习新事物以及接受培训的意愿。

◎ 实际经验和敏锐度。

◎ 合适的人格特质。

◎ 平稳的性格。

（2）一旦找到了看起来不错的人选，不要省略背景调查这个步骤——你应该马上调查清楚，并一一验证应征者所说的话。如果你不慎雇用到有前科的人，就算你当时不知情，也可能要为他们的后续行为负起连带责任。所以，你必须对自己雇用的每一个人做详尽的背景调查。

决定雇用某人以后，接下来的挑战就是如何

让每位新进员工把自己的潜能发挥出来。简单来说，就是要让每位员工都能全心全意追求卓越。这表示你必须找到激励员工的方法，让员工能够为公司带来下列益处：

（1）优越的工作品质——你可以考虑利用全面质量管理或是六个标准差等正式的计划。主要目的是要让员工能够第一次就把事情做好，从而不必一直回过头来补救犯下的错误。最有效的办法就是只要有员工把工作做好，就要大力表扬这样的工作表现，然后设法让员工能够再次有这样的表现。

（2）强烈的团队精神——这样才能让每位员工为公司的成功做出实质的贡献。如果员工能够全心投入，达成个人和团体的使命，这样的工作精神才能带领团队往有目标有意义的方向前进。有非常多的方法可以帮助你建立团队情感和团队意识。

（3）对自己的工作有责任感——要设定公平合理的标准。尤其重要的是，你必须让每位员工都很清楚公司是用哪些标准考核评量自己的工作表现的。如果你能够向员工清楚地说明这些标准，就能够创造出良好的工作环境，让员工觉得自己一切的努力都会有收获，也会让员工觉得自己获得了公平的升迁机会。

（4）顶尖高手——要利用绝佳的奖赏和激励措施。如果你能够用实质性的奖励作为对员工重要表现的相对回报，就能够很明确地让员工明白，要攀上事业高峰，自己必须在哪些表现上多努力。

3. **顾客**

顾客对你提供的服务和产品只会有满意和不满意两种反应。显然，身为小型企业的负责人，你的职责就是尽量让更多顾客感到满意。简单来说，你必须珍惜并好好地对待顾客，而且要妥善地服务顾客。

要注意的是，在7个关键时刻，顾客会选择是要进一步向你购买更多的产品，还是向别人购买。这7个关键时刻分别是：

（1）买方采购换人——而且你又还没和新采购人员建立关系的时候。

（2）买方公司的所有权转移——而且决策权落到新经营者手上的时候。

（3）买方的经营环境出现明显变化——而且你又不确定自己是不是能够符合顾客新需求的时候。

（4）新的竞争对手开业——而且你的顾客又想要给这家新公司机会的时候。

（5）自己出现错误——而且让顾客面临棘手问题的时候。

（6）无法履行交货条件——而且顾客失去耐心或不再信任你的时候。

（7）经济下滑——而且价格变成决定购买意向最重要因素的时候。

你的挑战就是要随时留意这些征兆，并且想尽办法留住顾客。

4. 供应商

聪明的创业家会把供应商当作珍贵的合作伙伴而不是累赘。你的公司要有供应商配合才能继续运营，所以最好要好好地和供应商建立良性、健全且互惠的关系。

想要强化和供应商的关系，你必须做到下面几件事：

（1）提出合理的要求——要知道，供应商跟你一样，也得赚钱才能生存。就算你把供应商压榨得一滴不剩，你也不会赚大钱，所以对供应商的要求一定要合理。

（2）公平对待——不要在对方和供应商达成协议之后，又去要求他们调整报价或交货时间。

（3）要宽容偶尔犯下的错误——把眼光放长远，不要光看眼前的利弊得失。

（4）付款一定要准时——不要在交货以后，再和供应商重新谈判更改付款条件。

（5）诚实正直——口头的承诺，要像白纸黑字的契约一样有效。

（6）不要把供应商的努力视为理所当然——反而应该了解，供应商是让你能够持续经营的关键角色。找一些私底下的机会表达你对他们的谢意。

5. 资金

每家企业都要有资金才能运营和成长。然而在面对资金问题时，其实只要遵守下列几项简单的原则：

（1）收款要越快越好——要像老鹰一样紧盯着你的应收账款。在货款到期时，也一定要坚持要求对方按时付款。

（2）付款要越慢越好——密切注意应付账款

的付款时间，并且等到货款到期了才付款。手边的资金越多，就越能把握住意外商机出现的机会。

（3）资金成本越少越好——也就是说不要用信用卡购买任何设备。如果你真的必须购买设备，设法协商出最优惠的租赁条件或是融资条件。这样可以为你避免花费很多数额巨大又不见效用的冤枉钱。

（4）越节省越好——因为存在银行里的现金可以有非常多的运用途径。最起码，现金可以让你的公司在伤害最小的情况下渡过难关。

（5）随时看紧你的钱——尤其是你的应收账款。遇到不熟悉的陌生顾客，务必要求他们先付款。这绝对比事后再去追讨坏账要好得多。

（6）务必让收入大于支出——粗略地说，就是要留意你的各项费用和经常性支出，这样才能保持获利。

（7）弄清楚公司账款入账的时间和金额——

如果账款没有及时入账，一定要马上查清楚。

这些原则其实非常简单，可是还是有很多人会忽视这些原则的重要性，结果以公司倒闭收场。这种人占创业失败人群的比例之高，令人讶异。

6. 社区关系

如果你定期把公司获利的10%捐给社区团体，你会很惊喜地发现自己累积的商誉有多好。如果能够有越来越多小型企业共襄盛举，贫穷、恶劣的居住环境、饥饿的儿童和疾病都会越来越少。

要增进社区关系，一个聪明的做法是从小处着手，然后慢慢扩大。寻找用得上你产品或服务的社区团体；或是在你公司的下班时间，运用公司的设备或人员去给某个社区团体提供一些协助与方便。利用这样的捐献方式，就可以帮助真正有需要的社区团体，让他们更容易达成自己的目标。这样的做法可以为你的小公司带来可观的商誉。

四　战胜天敌

为了持续成功，你必须战胜自己的天敌。

为了让自己的小公司长保成功，你必须设法避开那些很容易吞噬你的资源并扰乱你内心平静的威胁。具体来说，你必须战胜下列7项天敌：

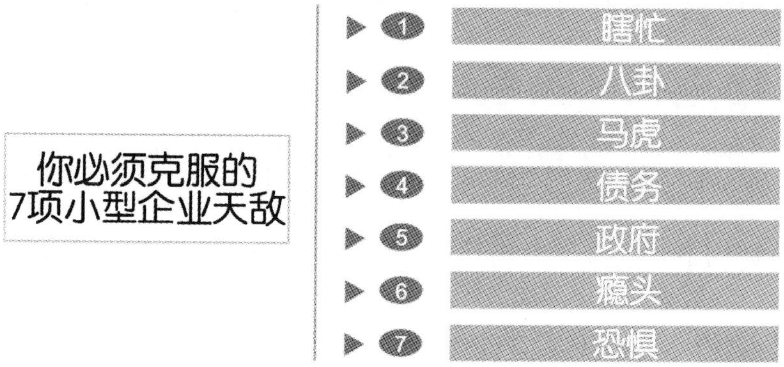

1. 瞎忙

如果你不注意，就可能会整天瞎忙，却一事无成。为了让自己和员工发挥最大的生产力，你必须控制好下列7项浪费时间的事物，因为这些在任何企业都有可能出现。这7项事物分别是：

（1）通勤——利用这段时间听一些教材或是可以让你自学的录音课程。

（2）电话——空出一些完全不接电话的时段。请对方给你留言，然后再另外安排一些时段回电。

（3）早班邮件——制订一个可以让你迅速且有效率地整理出邮件先后顺序的系统。

（4）收到的电子邮件——迅速删除垃圾邮件，重要的信件要在当天就回复。如果事先设定好详细的签名档，可以省下不少时间。

（5）会议——要节省时间，就要做好下列5件事情：

◎ 设定会议开始的时间并按时开始。

◎ 设定会议结束的时间，无论如何都要按时结束。

◎ 严格限制参加人员，只让必要的人员

与会。

◎ 事先拟定议程并且切实按照议程进行会议。

◎ 把决议事项用准确的书面记录保留下来。

(6) 庞杂的工作流程和软件系统——如果简单的人工操作系统反而比较好用的话，就要勇于恢复原来的系统。运用直觉，做你认为有道理的事情，不要被大型软件企业牵着鼻子走。

(7) 文书工作、报告和备忘录——尽量用简明扼要的电子邮件或一页的摘要来替代。训练员工一遇到问题就问，不必每件事都要列入员工工作手册。企业的目的是要通过产品和服务来赚钱，不是要创设千年不朽的图书馆。

2. 八卦

优秀的员工绝对不会喜欢闲着说长道短。如果你的员工有时间聊八卦，甚至还组成小团体的话，这就很明显地表示你必须裁员，或是多找一些事情给员工做。

3. **马虎**

马虎行事当然是绝对不能容忍的，这会导致你的顾客纷纷退避。同样，你自己也不可以当个打马虎眼的老板。所以你必须做到下面几件事：

◎ 言出必行。

◎ 要求所有员工准时交报告。

◎ 把工作排出轻重缓急，然后专心做好对公司来说最重要的事情。

◎ 检查公司有没有保持完整的顾客记录。

◎ 随时掌握应收账款的收款状况。

◎ 做事情有条不紊。

下面4件事情，是你绝对不可以授权给别人，而且必须时时留意的：

◎ 满足员工的需求。

◎ 满足顾客的期望和需求。

◎ 确保自己握有足以维持运营的现金。

◎ 严守所有必须遵循的法律规范。

4. **债务**

很明显，过高的债务绝对不是好事，而且还可能迫使你做出错误的决定。为了控制公司的债务，你必须做到下面几件事情：

（1）不要购买不必要的东西——除非你有现金可以支付。

（2）不要一再花钱买便宜货——一开始就要买品质好的东西。

（3）不要赶潮流——只用传统的经典设计。

（4）绝对不要用信用卡买东西——因为银行收取的利息绝对过高。

（5）不要举债去买那些只能装点门面的东西——像是拉风的车子和其他象征身份地位的东西。

（6）尽快把多余的设备卖掉——因为时间拖得越久，这些设备的价值就越低。

（7）利用公司赚到的每一笔多余的现金去偿还长期债务——在你还没来得及把钱浪费在新的奢侈品上的时候。

（8）尽可能整合债务——把债务转换成低息贷款。

5. 政府

不论你喜欢不喜欢，你都必须遵守政府的法令。为了让痛苦与烦恼降到最低，你必须做到下列几件事：

（1）一定要纳税——而且要准时纳税，并且填妥所有必备的表格。

（2）绝对要公私分明——把合理的运营费用和私人花费分清楚。

（3）对员工不能有差别待遇。

（4）提供安全的工作环境——遵循法令规定。

（5）备齐所有必要的执照和许可。

（6）尊重并且礼遇公务人员。

6. 瘾头

除了大家熟知的酒瘾、赌瘾和毒瘾之外，还有几种瘾是小公司老板特别容易染上的，比如说下列几种：

（1）工作狂——没有办法兼顾生活的其他方面。

（2）害怕授权——认为自己必须事必躬亲。

（3）盲目追逐新科技——非得拥有最新最棒的科技玩意。

（4）拥有市面上最棒的享乐奢侈品。

（5）完美主义。

（6）渴望被大家接纳和认同——不惜一切代价当个“好人”，只为了博得美名。

上述种种类似强迫症的行为，都可能对小型企业的运营造成不良的后果。最好的办法就是找个你信得过而且关心你的人帮忙，只要发现你出现这些行为的蛛丝马迹，就要马上提醒你。幸运的话，这样的提醒能够在这些瘾头破坏你的心血之前，让你及早寻求专业协助。

7. 恐惧

每个经营企业的人都知道为自己公司的未来担惊受怕是什么滋味。这是创业者很自然会有的反应。想要妥善处理你的恐惧，你可以借助下列几个方法：

（1）鼓起勇气面对现实，每个人都会有自己害怕的事情——重点在于你要坦然面对你的恐惧，而不是对自己的恐惧感到罪恶。

（2）提醒自己恐惧终究只是情绪的一种——而且你一定有能力随时转移自己的情绪。主控权在你，而不是掌握在随便哪一个张三李四的手上。

（3）不断告诉自己，只要了解恐惧的成因，就可以控制恐惧——虽然说起来比做起来容易，但事实上要控制恐惧，你只要改变引发恐惧的环境就可以了。

（4）不要忘了，紧张和恐惧是“哥俩好”——所以培养和工作完全无关的爱好是很重要的。爱好可以让你暂时抛开恐惧，让你更有能力处理恐惧。

关键思维

安逸和平静无法培养卓绝的品格。只有锻炼和苦难，才能坚定心志、激发雄心，并且获得成功。

——海伦·凯勒